오늘의 나를 위한
일본 시
따라 쓰기

다락원 편집부 엮음

감수 오자키 다쓰지 尾崎達治

니혼(日本)대학교 문리학부 국문학과 졸업
연세대학교 대학원 국어국문학과 석사
전) 한서대학교 일본학과 교수
현) 전남대학교 여수캠퍼스 국제학부 교수

저서

『알짜 일본어 Vocabulary』 (다락원, 공저)
『다락원 일한대역문고 어린 왕자(상/하)』 등 다수 (다락원)

오늘의 나를 위한 일본 시 따라 쓰기

엮은이 다락원 편집부
감수 오자키 다쓰지
펴낸이 정규도
펴낸곳 (주)다락원

초판 1쇄 발행 2025년 7월 23일

편집 이지현, 송화록
디자인 장미연, 김예지

 경기도 파주시 문발로 211
내용문의: (02)736-2031 내선 460~465
구입문의: (02)736-2031 내선 250~252
Fax: (02)732-2037
출판등록 1977년 9월 16일 제406-2008-000007호

Copyright ⓒ 2025, 다락원

저자 및 출판사의 허락 없이 이 책의 일부 또는 전부를 무단 복제·전재·발췌할 수 없습니다. 구입 후 철회는 회사 내규에 부합하는 경우에 가능하므로 구입문의처에 문의하시기 바랍니다. 분실·파손 등에 따른 소비자 피해에 대해서는 공정거래위원회에서 고시한 소비자 분쟁 해결 기준에 따라 보상 가능합니다. 잘못된 책은 바꿔 드립니다.

ISBN 978-89-277-1317-3 13730

---

http://www.darakwon.co.kr

- 다락원 홈페이지를 방문하시면 상세한 출판 정보와 함께 동영상 강좌, MP3 자료 등 다양한 어학 정보를 얻으실 수 있습니다.

- 다락원 홈페이지에서 「오늘의 나를 위한 일본 시 따라 쓰기」를 검색하거나 표지의 QR코드를 스캔하시면 MP3 파일을 듣거나 내려받으실 수 있습니다.

머리말

오늘, 지금, 여러분의 기분은 어떠신가요?
어떤 날은 기쁨이든 슬픔이든 그 순간의 나의 감정을 온전히 느끼고 싶어서 꼭 붙잡아 두고 싶고 반대로 어떤 날은 내 감정에서 빨리 벗어나고 싶어 불안한 마음이 들 때도 있지요. 어떤 날엔 이 감정으로부터 빨리 벗어나야 한다고 다그치면서도 정말 그래야 하는 걸까, 흘러가는 대로 두면 안 될까 망설여질 때도 있지 않은가요? 또 어떤 날은 누구에게든 내 마음을 털어놓고 위로받고 싶지만 막상 말하기엔 어려운 날도 있지 않았나요?

이 책은 그런 날들을 위한 책입니다. 지금 내 기분과 감정에 가장 가까운 시를 원하는 대로 골라 따라 써 보세요. 기쁜 날에는 그 기쁨을 더 선명하게, 슬픈 날에는 그 슬픔을 조금 더 깊이 들여다볼 수 있을 것입니다. 내 마음을 대신 말해 주는 듯한 시를 읽고 따라 써 보며 공감하고 시에게 위로받는 시간을 가져 보세요.

이 책은 총 7개의 파트로 구성되어 있으며, 각각의 파트는 감정에 따라 구별하였습니다. 그날그날의 내 기분에 맞춰 각 파트의 시 한 편을 골라 읽고, 옆 장에 시 한 편을 따라 써 볼 수 있도록 구성하였습니다. 각 파트가 시작되는 속표제지에 있는 체크리스트를 활용하여 이미 필사한 시를 확인할 수 있습니다. QR 코드를 통해 배경 음악과 함께 오디오북을 감상할 수 있으며, 다락원 홈페이지에서 일반 버전의 MP3 파일도 내려받으실 수 있습니다. 또한 부록 〈오늘의 시 단어장〉을 통해 각 시의 대표적인 일본어 어휘를 확인할 수 있습니다.

이 책과 함께 한 글자 한 글자 또박또박 써 내려가며 마음에 문장을 하나씩 새기는 여유로운 시간을 보내시길 바랍니다.

다락원 편집부

이 책의 구성과 특징

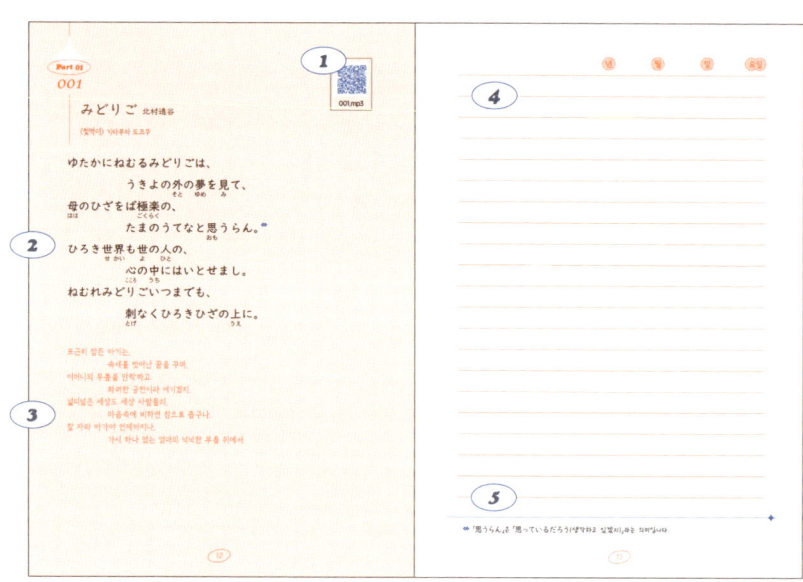

① 낭독 오디오북 MP3
QR코드를 통해 배경 음악과 함께 일본어/한국어 시 낭독 오디오북을 감상할 수 있습니다. 다락원 홈페이지에서 성우의 목소리만 담긴 일반 버전 MP3도 내려받을 수 있습니다.

② 일본 시 원문
시의 운율을 살려 읽고 감상해 보세요.

③ 한글 번역
일본 시 원문의 감성을 흐트러뜨리지 않는 선에서 자연스럽게 번역하고자 하였습니다. 한국어 번역 자체로도 멋진 시를 감상할 수 있습니다.

④ 따라 쓰기
시를 읽은 후 따라 써 볼 수 있는 공간입니다. 일본 시와 한글 번역을 자유롭게 따라 써 볼 수 있습니다.

⑤ 부가 설명
일본 시를 이해하는 데 도움이 될 만한 설명을 실었습니다.

책꾸 스티커 증정

책 가장 뒷면에 붙어 있는 책꾸(책 꾸미기) 스티커로
나만의 감성을 더해, 세상에 하나뿐인 책을 완성해 보세요.
스티커 속 QR코드를 스캔해 연결되는 웹사이트에서
오늘의 나에 맞춘 시구절을 추천받을 수 있습니다.

일러두기

① 일본어 표기법은 원문을 살리되, 일부 고전 일본어는 원문을 해치지 않는 선에서 현대어 표기로 바꾸기도 했습니다.

② 본래 일상적인 일본어에서는 띄어쓰기를 하지 않으나 원문에서 저자가 시적 효과를 위해 띄어쓰기 등을 활용한 경우, 그대로 살려 두었습니다.

③ 이 책의 모든 시는 아오조라 문고(https://www.aozora.gr.jp/)의 텍스트 파일을 활용하였으며, MP3 파일에 사용된 배경 음악의 출처는 별도로 표기하였습니다.

차례

Part 01
오늘의 나는 기쁨

001	「젖먹이」 기타무라 도코쿠	012
002	「여름」 기타하라 하쿠슈	014
003	「가을에 숨어」 시마자키 도손	016
004	「머리를 감으면」 시마자키 도손	018
005	「새벽」 시마자키 도손	020
006	「가을날의 마음」 야기 주키치	022
007	「작은 주머니」 야기 주키치	024
008	「널어놓은 벼」 야마무라 보초	026
009	「눈」 야마무라 보초	028
010	「물가」 야마무라 보초	030
011	「만개한 벚꽃」 와카야마 보쿠스이	032
012	「나의 벗」 요사노 아키코	034
013	「자신의 길」 요사노 아키코	036
014	「활」 요사노 아키코	038
015	「버드나무」 요사노 아키코	040

Part 02
오늘의 나는 설렘

016	「봄이 왔구나」 기타무라 도코쿠	044
017	「봄을 기다리는 동안에」 기타하라 하쿠슈	046
018	「무제」 도이 반스이	048
019	「기다리는 마음」 스스키다 규킨	050
020	「병아리」 스스키다 규킨	052
021	「샛별」 시마자키 도손	054
022	「여우의 재주」 시마자키 도손	056
023	「우연히 다시 마주친 그대 몇 번이나」 시마자키 도손	058
024	「첫사랑」 시마자키 도손	060
025	「무지개」 야기 주키치	062
026	「버드나무도 가볍게」 야기 주키치	064
027	「봄바람」 요사노 아키코	066
028	「새싹」 하기와라 사쿠타로	068
029	「소춘」 하기와라 사쿠타로	070

Part 03
오늘의 나는 평온함

030	「새잎 그늘」 간바라 아리아케	074
031	「우연히 떠오른 감상」 간바라 아리아케	076
032	「양지바른 곳」 기타하라 하쿠슈	078
033	「연꽃 열매」 기타하라 하쿠슈	080
034	「무화과나무 잎」 나카하라 주야	082
035	「여름의 강」 도이 반스이	084
036	「안녕, 좋은 아침」 스스키다 규킨	086
037	「그대는 아는가」 시마자키 도손	088
038	「드넓은 하늘의 물」 야기 주키치	090
039	「봄」 야기 주키치	092
040	「아름다운 꿈」 야기 주키치	094
041	「겨울 나무들」 야마무라 보초	096
042	「매화나무」 야마무라 보초	098
043	「꽃」 요사노 아키코	100
044	「복숭아꽃」 요사노 아키코	102

Part 04
오늘의 나는 슬픔

045	「반딧불이」 기타무라 도코쿠	106
046	「겨울 새벽」 나카하라 주야	108
047	「마른 버드나무」 도이 반스이	110
048	「별과 꽃」 스스키다 규킨	112
049	「그대의 마음은」 시마자키 도손	114
050	「마음을 잇는 은빛 사슬」 시마자키 도손	116
051	「흰 벽」 시마자키 도손	118
052	「고단한 마음」 야기 주키치	120
053	「마음속에 쌓여 가는 슬픔」 야기 주키치	122
054	「봄도 늦어지고」 야기 주키치	124
055	「어느 밤」 요사노 아키코	126
056	「눈보라」 하기와라 사쿠타로	128
057	「벚꽃」 하기와라 사쿠타로	130
058	「풀꽃」 하기와라 사쿠타로	132

Part 05
오늘의 나는 쓸쓸함

059	「달밤의 바람」 기타하라 하쿠슈	136
060	「틈」 기타하라 하쿠슈	138
061	「후박나무와 달」 기타하라 하쿠슈	140
062	「늦가을 비」 스스키다 규킨	142
063	「여름」 스스키다 규킨	144
064	「달밤」 시마자키 도손	146
065	「봄은 어디에」 시마자키 도손	148
066	「가을」 야기 주키치	150
067	「사과」 야마무라 보초	152
068	「손」 야마무라 보초	154
069	「아침」 야마무라 보초	156
070	「늦가을의 풀」 요사노 아키코	158
071	「추사」 요사노 아키코	160
072	「단풍」 하기와라 사쿠타로	162
073	「푸른 눈」 하기와라 사쿠타로	164

Part 06
오늘의 나는 그리움

074	「초겨울의 이별」 기타하라 하쿠슈	168
075	「풍향계」 기타하라 하쿠슈	170
076	「가랑비」 스스키다 규킨	172
077	「대추나무」 스스키다 규킨	174
078	「딸기」 스스키다 규킨	176
079	「멧새」 스스키다 규킨	178
080	「나의 사랑은 강가에 자라난」 시마자키 도손	180
081	「낙엽송 나무」 시마자키 도손	182
082	「낮의 꿈」 시마자키 도손	184
083	「황혼」 시마자키 도손	186
084	「기억에 대하여」 야마무라 보초	188
085	「옛날이야기」 야마무라 보초	190
086	「지난날」 요사노 아키코	192
087	「먼바다를 바라본다」 하기와라 사쿠타로	194

088	「슬픔의 깊은 곳」 기타하라 하쿠슈	198
089	「요 며칠 밤」 기타하라 하쿠슈	200
090	「차가운 밤」 나카하라 주야	202
091	「제비」 스스키다 규킨	204
092	「별똥별」 시마자키 도손	206
093	「야자열매」 시마자키 도손	208
094	「풀씨」 야기 주키치	210
095	「언제랄 것도 없이」 야마무라 보초	212
096	「장갑」 야마무라 보초	214
097	「손 위의 꽃」 요사노 아키코	216
098	「오자」 이쿠타 슌게쓰	218
099	「작별」 하기와라 사쿠타로	220
100	「크리스마스」 하기와라 사쿠타로	222
부록	오늘의 시 단어장	225

Part 07

오늘의 나는
외로움

Part 01

오늘의 나는
기쁨

001 「젖먹이」 기타무라 도코쿠 ·· ○

002 「여름」 기타하라 하쿠슈 ·· ○

003 「가을에 숨어」 시마자키 도손 ······································ ○

004 「머리를 감으면」 시마자키 도손 ··································· ○

005 「새벽」 시마자키 도손 ·· ○

006 「가을날의 마음」 야기 주키치 ····································· ○

007 「작은 주머니」 야기 주키치 ······································· ○

008 「널어놓은 벼」 야마무라 보초 ···································· ○

009 「눈」 야마무라 보초 ·· ○

010 「물가」 야마무라 보초 ··· ○

011 「만개한 벚꽃」 와카야마 보쿠스이 ······························ ○

012 「나의 벗」 요사노 아키코 ··· ○

013 「자신의 길」 요사노 아키코 ······································ ○

014 「활」 요사노 아키코 ··· ○

015 「버드나무」 요사노 아키코 ······································· ○

Part 01

001

みどりご 北村透谷

〈젖먹이〉 기타무라 도코쿠

ゆたかにねむるみどりごは、
　　　うきよの外の夢を見て、
母のひざをば極楽の、
　　　たまのうてなと思うらん。
ひろき世界も世の人の、
　　　心の中にはいとせまし。
ねむれみどりごいつまでも、
　　　刺なくひろきひざの上に。

포근히 잠든 아기는,
　　　속세를 벗어난 꿈을 꾸며,
어머니의 무릎을 안락하고
　　　화려한 궁전이라 여기겠지.
넓디넓은 세상도 세상 사람들의,
　　　마음속에 비하면 참으로 좁구나.
잘 자라 아가야 언제까지나,
　　　가시 하나 없는 엄마의 넉넉한 무릎 위에서.

년   월   일   요일

❖ 「思うらん」은 「思っているだろう(생각하고 있겠지)」라는 의미입니다.

Part 01
002

夏 北原白秋
なつ
〈여름〉 기타하라 하쿠슈

近景に一本の葦、
きんけい いっぽん あし
遠景に不二の山、
えんけい ふじ やま
不二よりもさらに高く、
ふじ たか
新鮮に葦はそよげり。
しんせん あし

눈앞에는 한 줄기의 갈대,
멀리 바라보면 후지산,
후지산보다도 더 높이,
싱싱하게 갈대는 흔들린다.

| 년 | 월 | 일 | 요일 |

❖ 「不二」는 「富士(ふじ)」를 의미하는데, 여기서는 「不二」로 표기함으로써 「一本(한 줄기)」과 대구를 이루어 갈대의 여린 모습과 후지산의 당당한 모습의 대조가 선명하게 느껴집니다. 옛부터 반복된 화산 활동으로 생겨난 후지산은 높이 약 3,776m로 일본에서 가장 높은 산이며, 일본 야마나시현과 시즈오카현에 걸쳐 있습니다. 일본의 상징이자 영적인 숭배의 대상으로 여겨지기도 합니다.

Part 01
003

秋に隠れて 島崎藤村
あき かく
〈가을에 숨어〉 시마자키 도손

わが手で植えし白菊の
て う しらぎく
おのずからなる時くれば
とき
ひともと花のゆうぐれに
はな
秋に隠れて窓にさくなり
あき かく まど

내 손으로 심은 흰 국화
때가 되니 스스로
한 줄기 꽃 어스름한 저녁 빛 속에
가을에 숨어 창가에 피었네

Part 01
004

髪を洗えば 島崎藤村
〈머리를 감으면〉 시마자키 도손

004.mp3

髪を洗えば紫の
小草のまえに色みえて
足をあぐれば花鳥の
われに随う風情あり

目にながむれば彩雲の
まきてはひらく絵巻物
手にとる酒は美酒の
若き愁いをたとうめり

耳をたつれば歌神の
きたりて玉のふえを吹き
口をひらけばうたびとの
ひとふしわれはこいうたう

(後略)

머리를 감으니 보랏빛
어린 풀 앞에서 물들고
발을 올리니 꽃과 새가
나를 따르는 운치가 있네

눈으로 바라보면 곱게 물든 구름이
휘감았다가 펼치는 그림 두루마리 같고
손에 드는 술은 맛 좋은 술이니
젊은 시름을 찬양하는 듯하네

귀를 기울이면 노래의 신이
와서 옥피리 불어 주고
입을 열면 시인의
사랑 노래 한 자락 흘러나오네
(후략)

Part 01
005

あけぼの 島崎藤村

〈새벽〉 시마자키 도손

005.mp3

紅 細くたなびけたる
くれない ほそ
雲とならばやあけぼのの
くも
　　　　　雲とならばや
　　　　　くも

やみを出でては光ある
　　　い　　　　ひかり
空とならばやあけぼのの
そら
　　　　　空とならばや
　　　　　そら

春の光を彩れる
はる ひかり いろど
水とならばやあけぼのの
みず
　　　　　水とならばや
　　　　　みず

鳩にふまれてやわらかき
はと
草とならばやあけぼのの
くさ
　　　　　草とならばや
　　　　　くさ

진홍빛으로 가늘게 뻗친
구름이 될 수 있다면 새벽녘의
　　　　구름이 될 수 있다면

매일 어둠이 걷히고 또 빛이 찾아오는
하늘이 될 수 있다면 새벽녘의
　　　　하늘이 될 수 있다면

봄의 빛에 물든
물이 될 수 있다면 새벽녘의
　　　　물이 될 수 있다면

비둘기 발에 밟혀도 부드러운
풀이 될 수 있다면 새벽녘의
　　　　풀이 될 수 있다면

Part 01
006

秋の日の　こころ　八木重吉
あき　ひ
〈가을날의 마음〉 야기 주키치

006.mp3

花が　咲いた
はな　さ
秋の日の
あき　ひ
こころのなかに　花がさいた
　　　　　　　　はな

꽃이　피었다
가을날
마음속에　꽃이 피었다

| 년 | 월 | 일 | 요일 |

❖ 본래 일상적인 일본어에서는 띄어쓰기를 하지 않으나, 이 시에서 작가는 표현 방법 중 하나로 임의적인 띄어쓰기를 활용하였습니다. 그 밖에도 시에서는 줄을 바꾸거나 구두점을 찍거나 찍지 않기도 하는 등의 여러 방법을 활용합니다.

Part 01

ちいさい ふくろ 八木重吉

〈작은 주머니〉 야기 주키치

これは　ちいさい　ふくろ

ねんねこ　おんぶのとき

せなかに　たらす　赤いふくろ
　　　　　　　　　あか

まっしろな　絹のひもがついています
　　　　　　きぬ

けさは

しなやかな　秋
　　　　　　あき

ごらんなさい

机のうえに　金糸のぬいとりもはいった
つくえ　　　きんし

赤いふくろがおいてある
あか

이것은　작은　주머니
자장자장　아기를 업을 때
등에　늘어뜨린　빨간 주머니
새하얀　비단 끈이 달려 있습니다
오늘 아침은
부드러운　가을
보세요
책상 위에　금실로 수를 놓은
빨간 주머니가 놓여 있어요

| 년 | 월 | 일 | 요일 |

❖ 본래 일상적인 일본어에서는 띄어쓰기를 하지 않으나, 이 시에서 작가는 표현 방법 중 하나로 임의적인 띄어쓰기를 활용하였습니다. 그 밖에도 시에서는 줄을 바꾸거나 구두점을 찍거나 찍지 않기도 하는 등의 여러 방법을 활용합니다.

Part 01
008

稲かけ 山村暮鳥
いね
〈널어놓은 벼〉 야마무라 보초

008.mp3

いねかけ

ゆっさゆっさ

雀の子どもがあそんでた
すずめ　こ

いねかけ

ゆっさゆっさ

すずめのこどもが喧嘩した
　　　　　　　　けん か

いねかけ

ゆっさゆっさ

すぐまたなかよくしゃべってた

널어놓은 벼
흔들흔들

아기 참새들이 놀고 있었다

널어놓은 벼
흔들흔들

아기 참새들이 다투었다

널어놓은 벼
흔들흔들

금세 다시 사이좋게 재잘댔다

Part 01

009

009.mp3

雪 山村暮鳥
ゆき
〈눈〉 야마무라 보초

きれいな

きれいな

雪だこと
ゆき
畑も
はたけ
屋根も
や ね
まっ白だ
　　しろ
きれいでなくって
　　　　　　どうしましょう
天からふってきた雪だもの
あめ　　　　　　　　ゆき

고운
고운
눈이구나
밭도
지붕도
새하얗네
고울 수밖에
　　　없지 않겠니
하늘에서 내려온 눈인걸

Part 01
010

渚 山村暮鳥
なぎさ
〈물가〉 야마무라 보초

千鳥のあしあと
ちどり
小さいな
ちい

よあけの
渚にでてみたか
なぎさ

よあけの渚の
なぎさ
どんど波
なみ

波がわすれた
なみ
砂の上
すな うえ

ちどりのあしあと
かわいいな

물떼새의 발자국
작구나

새벽
물가에 나가 보았니?

새벽 물가의
둥둥 밀려오는 파도

파도가 두고 간
모래 위

물떼새의 발자국
귀엽구나

Part 01
011

桜真盛り （さくらまさか） 若山牧水
〈만개한 벚꽃〉 와카야마 보쿠스이

おおきなおおきな桜の木（さくら　き）
まんまんまるい花ざかり（はな）

あっちから見てもこっちから見ても（み　　　　　　　　み）
まんまんまるい花ざかり（はな）

風は吹けども花散らず（かぜ　ふ　　　　はな　ち）
小鳥とべども花散らぬ（ことり　　　　　はな　ち）

おおきなおおきな桜の木（さくら　き）
まんまんまるい花ざかり（はな）

커다랗고 커다란 벚나무
동글동글 동그랗게 활짝 핀 벚꽃

저쪽에서 보아도 이쪽에서 보아도
동글동글 동그랗게 활짝 핀 벚꽃

바람은 불지만 꽃잎은 떨어지지 않고
작은 새 날아도 꽃잎은 떨어지지 않네

커다랗고 커다란 벚나무
동글동글 동그랗게 활짝 핀 벚꽃

Part 01

012

我が友 <small>与謝野晶子</small>
〈나의 벗〉 요사노 아키코

012.mp3

ともに歌えば、歌えば、
よろこび身に余る。
賢きも智を忘れ、
富みたるも財を忘れ、
貧しき我等も労を忘れて、
愛と美と涙の中に
和楽する一味の人。

歌は長きも好し、
悠揚として朗らかなるは
天に似よ、海に似よ。
短きは更に好し、
ちらとの微笑、端的の叫び。
とにかくに楽し、
ともに歌えば、歌えば。

함께 노래하면, 노래하면,
기쁨이 과분하리만큼 넘친다.
지혜로운 자도 지혜를 잊고,
부유한 자도 재물을 잊으며,
가난한 우리도 고단함을 잊고,
사랑과 아름다움과 눈물 속에서
화목하고 즐거운 한마음의 벗이여.

긴 노래도 좋고,
여유롭고 밝은 가락은
하늘을 닮아도 좋고, 바다를 닮아도 좋으리.
짧은 노래는 더욱 좋으니,
가볍게 스치는 미소, 단호한 외침.
어쨌든 즐겁도다.
함께 노래하면, 노래하면.

Part 01

013

己が路 (おのがみち) 与謝野晶子
〈자신의 길〉 요사노 아키코

013.mp3

わが行く路は常日頃
　ゆ　みち　つねひごろ
三人四人と❋つれだちぬ、
みたりよたり
また時としてただ一人。
　　とき　　　　　　ひとり

一人行く日も華やかに、
ひとり ゆ ひ　はな
三人四人と行くときは
みたりよたり　ゆ
更にこころの楽しめり。
さら　　　　　　たの

我等は選りぬ、己が路、
われら　え　　　おの　みち
ひとすじなれど己が路、
　　　　　　　　おの　みち
けわしけれども己が路。
　　　　　　　　おの　みち

내가 가는 길은 평소에는
세 명, 네 명과 함께 걷기도 하고,
또 때로는 홀로 걸어가기도 하네.

홀로 가는 날도 눈부시고,
세 명, 네 명과 갈 때는
더욱 마음이 즐겁구나.

우리들은 선택했네, 자신의 길을,
하나의 길이지만 자신의 길을,
험난할지라도 자신의 길을.

년　　　　월　　　　일　　　　요일

❖ 여기서 세 명(三人), 네 명(四人)의 발음은 「さんにん/よにん」과 같이 표기하지 않고 원문의 표기를 따랐습니다. 고전 일본어에서는 이처럼 일본 고유어로 사람 세는 말을 표현했으며 근대의 문어체에서 이와 마찬가지로 표현하기도 했습니다.

Part 01
014

弓 与謝野晶子
ゆみ

〈활〉 요사노 아키코

佳きかな、美しきかな、
よ　　　　　うつく
矢をつがえて、肘張り、
や　　　　　　　ひじ は
引き絞りたる弓の形。
ひ　しぼ　　　ゆみ　かたち
射よ、射よ、子等よ、
い　　い　　こ ら
鳥ならずして、射よ、
とり　　　　　　い
ただ彼の空を。
　　か　そら

的を思うことなかれ、
まと おも
子等と弓との共に作る
こ ら　ゆみ　とも　つく
その形こそいみじけれ、
　　かたち
ただ射よ、彼の空を。
　　い　　か　そら

좋구나, 귀엽구나,
화살을 메기고 팔을 뻗어,
힘껏 당긴 활의 모습.
쏘아라, 쏘아라, 아이들이여.
새가 아니라, 쏘아라
그저 저 하늘을.

과녁을 생각하지 마라.
아이들과 활이 함께 만드는
그 모습이야말로 훌륭한 것이니!
그저 쏘아라, 저 하늘을.

| 년 | 월 | 일 | 요일 |

❖ 「美しきかな」는 고전 일본어에서 아이나 매화꽃 등의 귀여운 모습을 나타낼 때 사용하던 표현이었습니다.

Part 01
015

柳 与謝野晶子
やなぎ
〈버드나무〉 요사노 아키코

015.mp3

六もと七もと立つ柳、
む　　なな　　　た　やなぎ
冬は見えしか、一列の
ふゆ　み　　　　いちれつ
廃墟にのこる柱廊と。
はいきょ　　　ちゅうろう
春の光に立つ柳、
はる　ひかり　た　やなぎ
今日こそ見ゆれ、美しく、
きょう　　み　　　　うつく
これは翡翠の殿づくり。
　　　　ひすい　との

여섯 그루, 일곱 그루 나란히 선 버드나무,
겨울에는 보였던가,
폐허에 남은 한 줄기 기둥의 회랑과 같이.
봄 햇살 아래 선 버드나무,
오늘에야 비로소 보이는구나, 아름답게,
이는 비취빛 궁전을 짓는 듯하네.

Part 02

오늘의 나는
설렘

오늘의 시

- 016 「봄이 왔구나」 기타무라 도코쿠
- 017 「봄을 기다리는 동안에」 기타하라 하쿠슈
- 018 「무제」 도이 반스이
- 019 「기다리는 마음」 스스키다 규킨
- 020 「병아리」 스스키다 규킨
- 021 「샛별」 시마자키 도손
- 022 「여우의 재주」 시마자키 도손
- 023 「우연히 다시 마주친 그대 몇 번이나」 시마자키 도손
- 024 「첫사랑」 시마자키 도손
- 025 「무지개」 야기 주키치
- 026 「버드나무도 가볍게」 야기 주키치
- 027 「봄바람」 요사노 아키코
- 028 「새싹」 하기와라 사쿠타로
- 029 「소춘」 하기와라 사쿠타로

Part 02

016

春は来ぬ 北村透谷
<ruby>春<rt>はる</rt></ruby> <ruby>来<rt>き</rt></ruby>

〈봄이 왔구나〉 기타무라 도코쿠

今日はじめて春のあたたかさ覚えぬ、
<ruby>今日<rt>きょう</rt></ruby> <ruby>春<rt>はる</rt></ruby> <ruby>覚<rt>おぼ</rt></ruby>
風なく日光いつもよりほがらなり、
<ruby>風<rt>かぜ</rt></ruby> <ruby>日光<rt>にっこう</rt></ruby>

오늘 처음으로 봄의 따스함을 느꼈네,
바람도 없고 햇살은 어느 때보다 밝구나.

Part 02

017

春を待つ間に 北原白秋
<ruby>春<rt>はる</rt></ruby>を<ruby>待<rt>ま</rt></ruby>つ<ruby>間<rt>ま</rt></ruby>に

〈봄을 기다리는 동안에〉 기타하라 하쿠슈

種を蒔け種を、
たね   ま たね
葡萄の種を。
ぶどう   たね
畑を耕せ、畑を、
はたけ たがや はたけ
燕麦の畑を。
からすむぎ はたけ
生めよ、ふえよ、地に満てよ。
う   ち み
かなしきものは踊れよ。
            おど
新しき子らの世継の
あたら こ よつぎ
饗宴の春を待つ間に。
きょうえん はる ま ま

씨앗을 뿌려라 씨앗을,
포도나무의 씨앗을.
밭을 갈아라, 밭을,
메귀리 밭을.
번성하라, 불어나라, 온 땅에 가득하라.
슬픈 이들이여 춤을 추어라.
새로운 아이들의 대를 이어갈
잔치의 봄을 기다리는 동안에.

Part 02

018

無題 土井晩翠
〈무제〉 도이 반스이

光り玉しく露満ちて
百合も薔薇もあららぎも
かおりあふるる園あらば
君が踏み行く路とせん。

流るる花を誘いては
海原遠く香をはこぶ
清き野中の川あらば
君がかがみの水とせん。
(後略)

옥을 깔아 놓은 듯 반짝이며 이슬 가득하고
백합도 장미도 산달래도
향기 넘치는 동산 있다면
그 길을 그대가 걸어갈 길로 삼으리.

흐르는 꽃들을 이끌어
드넓은 바다 멀리 향기를 전하는
맑은 들판의 시내 있다면
그 물을 그대의 거울로 삼으리.
(후략)

Part 02
019

待ちごころ 薄田泣菫
〈기다리는 마음〉 스스키다 규킨

こよい花野の夕づくよ、
　　　はなの　　ゆう
君待ちくらす心地して、
きみま　　　　ここち
月映えあかり面はゆき
つきば　　　おも
すずろ心の胸のときめき。
　　ごころ　むね

三歳は過ぎぬ、また更に
みとせ　す　　　　さら
誰が子か待ため、そのかみの
た　こ　ま
夢ほのかなる甦り、——
ゆめ　　　　よみがえ
はな殻すみれ香に匂ふ世や。
　　がら　　　かおり　にほ　よ

이 밤 꽃 핀 들판에 달이 뜨고
그대를 하루 종일 기다리며 보내는 이 마음,
달빛에 비쳐 희미하게 드러나는 붉어진 얼굴
들뜨고 두근거리는 가슴.

삼 년이 지나고, 또다시
누군가를 기다릴까, 그 옛날
희미한 꿈이 되살아나네, --
시든 제비꽃 향기가 풍기는 세상에서.

Part 02
020

ひよこ 薄田泣菫

〈병아리〉 스스키다 규킨

白い羽がいの親鳥が
しろ　は　　　おやどり
白い卵をぬくめたに、
しろ　たまご
出来たひよこはまだら毛の
でき　　　　　　　　げ
ふっくりとした羽だった。
　　　　　　　はね

鳶と梟と蝙蝠が
とび　ふくろう　こうもり
山から里へ見に来れば、
やま　　さと　み　く
ひよこは親のふところに
　　　　おや
こそりこそりと潜りこむ。
　　　　　　　もぐ

하얀 깃털의 어미 새가
하얀 알을 따스히 품으니,
태어난 병아리는 얼룩 털
뭉실뭉실 부드러운 날개였다.

솔개와 올빼미, 박쥐가
산에서 마을로 보러 오자,
병아리는 어미 품속으로
살금살금 숨어들었다.

Part 02

021

明星 島崎藤村
<ruby>みょうじょう</ruby>

〈샛별〉 시마자키 도손

021.mp3

(前略)

野の鳥ぞ啼く山川も
ゆうべの夢をさめいでて
細く棚引くしののめの
姿をうつす朝ぼらけ

小夜には小夜のしらべあり
朝には朝の音もあれど
星の光の糸の緒に
あしたの琴は静かなり

まだうら若き朝の空
きらめきわたる星のうち
いといと若き光をば
名づけましかば明星と

(전략)
들새가 울고 산천도
어젯밤 꿈에서 깨어난다
저 멀리 가는 실처럼 흐르는 새벽의
모습을 비추는 여명

밤에는 밤의 선율이 있고
아침에는 아침의 소리가 있건만
별빛으로 엮인 실의 가락에
아침 거문고는 조용히 울리네

아직 이른 아침 하늘에
온 하늘에 반짝이는 수많은 별들 중
가장 젊고 빛나는 그 하나를
우리는 샛별이라 부르리라

Part 02

022

狐のわざ 島崎藤村
きつね

〈여우의 재주〉 시마자키 도손

庭にかくるる小狐の
にわ　　　　　　こぎつね
人なきときに夜いでて
ひと　　　　　　よる
秋の葡萄の木の影に
あき　ぶどう　き　かげ
しのびてぬすむつゆのふさ

恵は狐にあらねども
こい　きつね
君は葡萄にあらねども
きみ　ぶどう
人しれずこそしのびいで
ひと
君をぬすめる吾が心
きみ　　　　　　わ　こころ

뜰에 숨은 작은 여우가
사람 없는 밤에 나와
가을 포도나무 그늘 아래
남몰래 작은 포도송이를 훔친다

사랑은 여우가 아니지만
그대는 포도가 아니지만
남몰래 살며시 다가가
그대를 훔친 내 마음이여

| 년 | 월 | 일 | 요일 |

❖ 「～あらねども」는 현대 일본어로 「～ではないけれども」로 쓸 수 있으며, '～이/가 아니지만'이라는 뜻입니다.

Part 02
023

めぐり逢う君やいくたび 島崎藤村
（あ）　（きみ）

〈우연히 다시 마주친 그대 몇 번이나〉 시마자키 도손

023.mp3

めぐり逢う君やいくたび
（あ）　（きみ）
あじきなき夜を日にかえす
（よ）　（ひ）
我が命暗の谷間も
（わ）　（いのちやみ）　（たにま）
君あれば恋のあけぼの
（きみ）　（こい）

(中略)

雲迷う身のわずらいも
（くもまよ）　（み）
紅の色に微笑み
（くれない）（いろ）　（ほほえ）
流れつつ冷ゆる涙も
（ねが）　　（ひ）　（なみだ）
いと熱き思いを宿す
　　（あつ）（おも）　（やど）

知らざりし道の開けて
（し）　　　（みち）（ひら）
大空は今光なり
（おおぞら）　（いまひかり）
もろともにしばしたたずみ
新しき眺めに入らん
（あたら）　（なが）　（い）

우연히 다시 마주친 그대 몇 번이나
덧없는 밤을 낮으로 바꾸네
내 삶이 어둠의 골짜기에 잠길지라도
그대가 있다면 사랑의 새벽이 오리

(중략)

흩날리는 구름 같은 이 몸의 고통도
붉게 물들며 미소 짓고
흘러내리며 식어 가는 눈물도
몹시 뜨거운 마음을 품네

알지 못했던 길이 열리고
넓은 하늘은 이제 빛으로 가득하네
함께 잠시 멈춰 서서
새로운 풍경 속으로 들어가리

Part 02
024

初恋　島崎藤村
〈첫사랑〉 시마자키 도손

まだあげ初めし前髪の
　　　　そ　　　まえがみ
りんごのもとに見えしとき
　　　　　　　　み
前にさしたる花櫛の
まえ　　　　　はなぐし
花ある君と思いけり
はな　　きみ　おも

やさしく白き手をのべて
　　　　しろ　て
りんごをわれにあたえしは
薄紅の秋の実に
うすくれない あき み
人こい初めしはじめなり
ひと　　そ

(中略)

りんご畑の木の下に
　　　ばたけ こ　した
おのずからなる細道は
　　　　　　　ほそみち
誰が踏みそめしかたみぞと
た　ふ
問いたもうこそこいしけれ
と

이제 갓 틀어 올린 앞머리,
사과나무 가지 사이로 보일 때
앞머리에 꽂은 꽃 머리 장식이
꽃다운 그대라고 생각했네

다정하게 하얀 손을 내밀어
내게 건네준 사과
연분홍빛 가을 열매에
첫사랑이 시작되었네

(중략)

사과밭 사과나무 아래에
저절로 생긴 오솔길은
누가 처음 밟기 시작한 자국이냐고
물으시는 것이 무척 사랑스러워라

| 년 | 월 | 일 | 요일 |

❖ 옛날 일본에서는 12~13세의 소녀가 어른이 되었다는 의미로 앞머리를 올리는 전통적인 일본 여성의 머리 형태로 바꾸는 관습이 있었다고 합니다. 이 시에서 앞머리를 갓 틀어 올렸다는 것은 이제 막 어린아이 티를 벗은 소녀의 모습을 표현하며 풋풋한 첫사랑을 떠오르게 합니다.

Part 02

025

虹 八木重吉
にじ
〈무지개〉 야기 주키치

この虹をみる　わたしと　ちさい妻、
　にじ　　　　　　　　　　　　　　つま
やすやすと　この虹を讃めうる
　　　　　　　　にじ　ほ
わたしら二人　きょうのさいわいのおおいさ
　　　　ふたり

이 무지개를 바라보는　나와　어린 아내,
편안하게　이 무지개를 찬미할 수 있는
우리 두 사람　오늘의 행복이 얼마나 큰지

(년) (월) (일) (요일)

❖ 본래 일상적인 일본어에서는 띄어쓰기를 하지 않으나, 이 시에서 작가는 표현 방법 중 하나로 임의적인 띄어쓰기를 활용하였습니다. 그 밖에도 시에서는 줄을 바꾸거나 구두점을 찍거나 찍지 않기도 하는 등의 여러 방법을 활용합니다.

Part 02

026

026.mp3

柳も かるく 八木重吉
やなぎ
〈버드나무도 가볍게〉 야기 주키치

やなぎも　かるく

春も　かるく
はる

赤い　山車には　赤い児がついて
あか　　だ し　　　　あか　こ

青い　山車には　青い児がついて
あお　　だ し　　　　あお　こ

柳もかるく
やなぎ

はるもかるく

きょうの　まつりは　花のようだ
　　　　　　　　　　　はな

버드나무도　가볍고
봄도　가볍다
붉은　수레에는　붉은 아이가 타고
푸른　수레에는　푸른 아이가 타고
버드나무도 가볍고
봄도 가볍다
오늘의　축제는　마치 꽃처럼 빛난다

년   월   일   요일

❖ 「山車」는 일본 축제에서 사람들이 대열을 이루어 행진할 때 끄는 수레를 말합니다. 꽃이나 인형 등으로 크고 화려하게 꾸며서 사용합니다.
❖ 본래 일상적인 일본어에서는 띄어쓰기를 하지 않으나, 이 시에서 작가는 표현 방법 중 하나로 임의적인 띄어쓰기를 활용하였습니다. 그 밖에도 시에서는 줄을 바꾸거나 구두점을 찍거나 찍지 않기도 하는 등의 여러 방법을 활용합니다.

Part 02

027

春風 _{与謝野晶子}
〈봄바람〉 요사노 아키코

027.mp3

そこの椿に木隠れて
何を覗くや、春の風。
忍ぶとすれど、身じろぎに
赤い椿の花が散る。

君の心を究めんと、
じっと黙してある身にも
似るか、素直な春の風、
赤い笑まいが先に立つ。

저기 동백나무 그늘에 숨어서
무엇을 엿보느냐, 봄바람아.
숨으려 해도 너의 작은 몸짓에
붉은 동백꽃이 흩날리는구나.

그대 마음을 밝히려
가만히 두는 이 몸과도
닮았느냐, 솔직한 봄바람아,
붉은 미소가 먼저 피어나는구나.

Part 02
028

芽
め

〈새싹〉 하기와라 사쿠타로

いたましき芽は伸びゆけり、
　　　め　の
春まだあさき土壌より、
はる　　　　　どじょう
いとけなき草の芽生えはうまれいで、
　　　　　くさ　めば
そのこえごえはかしましく、
はるる日中の、
　　　ひなか
大空ふかくかがやけり。
おおぞら

애처로운 새싹은 자라나,
아직 봄이 이르기만 한 땅에서,
앳된 풀잎이 싹을 틔워 태어나고,
그 여린 소리들이 떠들썩하게,
맑게 갠 한낮,
드넓은 하늘은 깊고도 찬란하게 빛나네.

Part 02
029

小春 萩原朔太郎
こはる

〈소춘〉 하기와라 사쿠타로

029.mp3

やわらかい、土壌の上に、
　　　　　どじょう うえ
じっと私が座っている、
　　わたし すわ
涙ぐましい日だまりに、
なみだ　　　ひ
白い羽虫のちらちらもえ、
しろ はむし
遠い春日のちらちらもえ。
とお　はるひ
麦よ芽を出せ。
むぎ　め　だ

부드러운 땅 위에
가만히 나는 앉아 있네.
눈물겹게 양지바른 자리에서
하얀 날벌레들이 팔랑팔랑 피어나고,
아득한 봄 햇살도 어른어른 돋아나네.
보리여 싹을 틔우거라.

| 년 | 월 | 일 | 요일 |

❖ 소춘은 음력 10월을 달리 이르는 말로, 늦가을~초겨울 사이 봄을 떠오르게 할 만큼 따뜻하고 맑은 날을 뜻합니다. 일상적으로는 「小春日和(こはるびより)」라는 표현을 자주 씁니다.

Part 03

오늘의 나는
평온함

오늘의 시

- 030 「새잎 그늘」 간바라 아리아케
- 031 「우연히 떠오른 감상」 간바라 아리아케
- 032 「양지바른 곳」 기타하라 하쿠슈
- 033 「연꽃 열매」 기타하라 하쿠슈
- 034 「무화과나무 잎」 나카하라 주야
- 035 「여름의 강」 도이 반스이
- 036 「안녕, 좋은 아침」 스스키다 규킨
- 037 「그대는 아는가」 시마자키 도손
- 038 「드넓은 하늘의 물」 야기 주키치
- 039 「봄」 야기 주키치
- 040 「아름다운 꿈」 야기 주키치
- 041 「겨울 나무들」 야마무라 보초
- 042 「매화나무」 야마무라 보초
- 043 「곶」 요사노 아키코
- 044 「복숭아꽃」 요사노 아키코

Part 03
030

若葉のかげ 蒲原有明
わかば

〈새잎 그늘〉 간바라 아리아케

薄曇りたる空の日や、日も柔らぎぬ、
うすぐも　　そら　ひ　　ひ　　やわ
木犀の若葉の蔭のかけ椅子に
もくせい　わかば　かげ　　　　いす
靠れてあれば物なべておぼめきわたれ、
もた　　　　　　もの
夢のうちの歌の調べとのびらかに。
ゆめ　　　　　うた　しら

ひとりかここに我はしも、ひとりか胸の
　　　　　　　　　われ　　　　　　　　むね
浪をおう――常世の島の島が根に
なみ　　　　とこよ　しま　しま　ね
翼やすめん海の鳥、遠き潮路の
つばさ　　　うみ　とり　とお　しおじ
波枕うつらうつらの我ならん。
なみまくら　　　　　　　われ

(後略)

옅은 구름이 낀 하늘 아래, 햇살도 부드러워졌다.
은목서 새잎 그늘 속 의자에
기대어 앉아 있으면 모든 것이 아득해지고,
꿈속 노래 가락처럼 퍼져 간다.

하필 나는 홀로 여기 있구나, 혼자서 가슴속
파도를 좇아――영원의 섬에서
날개를 쉬고 있을 바닷새처럼, 먼 뱃길의
파도를 베개 삼아 꾸벅꾸벅 조는 내가 되겠지.
(후략)

Part 03
031

偶感 蒲原有明
（ぐうかん）
〈우연히 떠오른 감상〉 간바라 아리아케

寄せては返す浪もなく、ただ平らかに
　よ　　　　かえ　なみ　　　　　　　たい
和みたる海にも潮の満ち干あり、
なご　　　うみ　　しお　み　ひ
げにその如く騒だたぬ常の心を
　　　　　ごと　さわ　　　つね　こころ
朝夕に思いは溢れ、また沈む。
あさゆう　おも　　あふ　　　　しず

밀려오고 밀려가는 파도도 없이, 그저 평온하게
고요히 가라앉은 바다에도 밀물과 썰물이 있듯이,
실로 잔잔한 듯 보이는 평소의 평온한 마음이 있었다면,
아침저녁으로 마음은 넘치고, 다시 가라앉네.

Part 03

032

ひなた 北原白秋

〈양지바른 곳〉 기타하라 하쿠슈

石の面に
いし　おも
ほのとぬくみて。

菊の香や、
きく　か
保つ日向や。
たも　ひなた

こよなくも
冬はなごむを。
ふゆ

　なにか倦む
　　　　う
　童ごころ。
　わらわべ

돌 표면이
희미하게 따뜻하구나.

국화 향기,
오래도록 포근한 햇볕 아래.

더할 나위 없이
겨울은 온화하네.

　무엇이 그리 지루하냐
　아이의 마음이여.

Part 03

033

蓮の実 北原白秋
<ruby>蓮<rt>はす</rt></ruby>の<ruby>実<rt>み</rt></ruby>

〈연꽃 열매〉 기타하라 하쿠슈

<ruby>夏<rt>なつ</rt></ruby>はよし、
<ruby>君<rt>きみ</rt></ruby>が<ruby>水<rt>みず</rt></ruby>のべ。

<ruby>皆<rt>みな</rt></ruby>すずし、
<ruby>石<rt>いし</rt></ruby>の、<ruby>濡<rt>ぬ</rt></ruby>れ<ruby>色<rt>いろ</rt></ruby>。

<ruby>白<rt>しろ</rt></ruby>き<ruby>蓮<rt>はす</rt></ruby>
<ruby>半<rt>なか</rt></ruby>ばくずれて、

かわせみの
ねらい<ruby>澄<rt>す</rt></ruby>ますと、

はや、そよぐ
<ruby>蓮<rt>はす</rt></ruby>の<ruby>実<rt>み</rt></ruby>のしべ。

<ruby>折<rt>お</rt></ruby>れ<ruby>曲<rt>まが</rt></ruby>る
<ruby>影<rt>かげ</rt></ruby>の、<ruby>一茎<rt>ひとくき</rt></ruby>。

여름은 좋구나,
그대 서 있는 물가.

모두 서늘하네,
젖은 돌빛까지도.

하얀 연꽃
반쯤은 무너져,

물총새는
그것만 노린다.

벌써 흔들리는
연밥의 꽃술.

구부러진
그림자 속 한 줄기.

Part 03
034

いちじくの葉 中原中也
〈무화과나무 잎〉 나카하라 주야

034.mp3

夏の午前よ、いちじくの葉よ、
葉は、乾いている、ねむげな色をして
風が吹くと揺れている、
よわい枝をもっている……

僕は睡ろうか……
電線は空を走る
その電線からのように遠く蝉は鳴いている
葉は乾いている、
風が吹いてくると揺れている
葉は葉で揺れ、枝としても揺れている
(後略)

여름의 아침이여, 무화과나무 잎이여,
잎은 말라 있다, 졸린 듯한 색을 띠고
바람 불면 흔들리는
연약한 가지를 지니고 있구나……

나는 잠들까……
전선은 하늘을 가로지르고
그 전선에서 오는 듯 저 멀리 매미는 울고 있다
잎은 말라 있고,
바람이 불어오면 흔들린다
잎은 잎대로 흔들리고, 가지 역시 흔들리고 있다
(후략)

Part 03

035

夏の川 土井晩翠
〈여름의 강〉 도이 반스이

035.mp3

(前略)
蛍流れて水すみて
夕暮涼しいささ川
心の空の浮雲を
払う凉かぜ音さえて
いかに恋せむああ夏よ。

さざなみ織りて月照りて
夕暮たのしいささ川
流れ流れて行く水に
秋も近しと眺むれば
いかに惜しまむああ夏よ。

(전략)
반딧불 흘러 맑은 물결
해 질 녘 선선한 작은 시내
마음속 하늘에 떠다니는 구름
몰아내는 산들바람 소리 산뜻하니
어찌 사랑하지 않으랴 아, 여름이여.

잔물결 일고 달빛 비치며
해 질 녘 즐거운 작은 시내
흘러가는 물결 속
가까워지는 가을을 바라보면
어찌 아쉬워하지 않으랴 아, 여름이여.

❖ 일본어에서는 문어체와 구어체에서 발음이 각각 다른 경우들이 있습니다. 여기서 「払う」는 あ단 뒤에 「う(ふ)」 발음이 연속되므로 문어체에서는 お단으로 발음하여 「はろう」와 같이 읽었지만 요즘에는 이러한 음편 현상이 잘 일어나지 않아 구어체에서처럼 「はらう」로 발음하는 경우가 많아졌습니다.

おはよう 薄田泣菫

〈안녕, 좋은 아침〉 스스키다 규킨

お花はいつも早起きで、
水桶さげて井戸にゆき、
与作はいつも遅起きで、
草籠負うて野へ出ます。

通りすがりの榛の木の
榛の木かげで逢う時は、
二人はいつもおはようと、
会釈しおうて行きまする。

하나는 언제나 일찍 일어나
양동이를 들고 우물로 가고,
요사쿠는 언제나 늦게 일어나
풀바구니를 지고 들판으로 나갑니다.

지나가는 길가의 오리나무
그 그늘 아래 마주칠 때면
둘은 늘 "좋은 아침" 하고
가볍게 고개를 숙이며 인사를 나누고 갑니다.

Part 03
037

知(し)るや君(きみ) 島崎藤村
〈그대는 아는가〉 시마자키 도손

037.mp3

こころもあらぬ秋鳥(あきどり)の
声(こえ)にもれくるひとふしを
　　　　　　知(し)るや君(きみ)

深(ふか)くも澄(す)める朝潮(あさしお)の
底(そこ)にかくるる真珠(しらたま)を
　　　　　　知(し)るや君(きみ)

あやめもしらぬやみの夜(よ)に
静(しず)かにうごく星(ほし)くずを
　　　　　　知(し)るや君(きみ)

まだ弾(ひ)きも見(み)ぬおとめごの
胸(むね)にひそめる琴(こと)の音(ね)を
　　　　　　知(し)るや君(きみ)

자기도 모르게 지저귀는 가을 새의
노랫소리 새어 나오는 한 구절을
　　　　　　그대는 아는가

깊고도 맑은 아침 조수
아래 숨겨진 진주를
　　　　　　그대는 아는가

형체도 분간할 수 없이 어두운 밤에
조용히 흐르는 무수한 별의 조각을
　　　　　　그대는 아는가

아직 연주도 해 본 적 없는 소녀의
마음속에 숨겨진 희미한 거문고 소리를
　　　　　　그대는 아는가

おおぞらの 水 八木重吉

〈드넓은 하늘의 물〉야기 주키치

おおぞらを　水　ながれたり
みずのこころに　うかびしは
かじもなき　銀の　小舟、ああ
ながれゆく　みずの　さやけさ
うかびたる　ふねのしずけさ

드넓은 하늘에　물이　흐르네
물의 마음에　떠 있는 것은
키도 없는　은빛　조각배, 아아
흘러가는　물의　맑음이여
떠 있는　배의 고요함이여

| 년 | 월 | 일 | 요일 |

❖ 본래 일상적인 일본어에서는 띄어쓰기를 하지 않으나, 이 시에서 작가는 표현 방법 중 하나로 임의적인 띄어쓰기를 활용하였습니다. 그 밖에도 시에서는 줄을 바꾸거나 구두점을 찍거나 찍지 않기도 하는 등의 여러 방법을 활용합니다.

Part 03
039

春 八木重吉
はる
〈봄〉야기 주키치

春は かるく たたずむ
はる
さくらの みだれさく しずけさの あたりに
十四の少女の
じゅう し　おとめ
ちさい おくれ毛の あたりに
　　　　　　　げ
秋よりは ひくい はなやかな そら
あき
ああ きょうにして 春のかなしさを あざやかにみる
　　　　　　　　　はる

봄은 가볍게 머물러 있다
벚꽃이 흐드러지게 피어 고요함이 감도는 그곳에
열네 살 소녀의
자그마한 잔머리가 흩날리는 그곳에
가을보다는 낮고 아름다운 하늘
아아, 오늘에야 비로소 봄의 슬픔을 선명하게 바라본다

| 년 | 월 | 일 | 요일 |

❖ 본래 일상적인 일본어에서는 띄어쓰기를 하지 않으나, 이 시에서 작가는 표현 방법 중 하나로 임의적인 띄어쓰기를 활용하였습니다. 그 밖에도 시에서는 줄을 바꾸거나 구두점을 찍거나 찍지 않기도 하는 등의 여러 방법을 활용합니다.

Part 03
040

美しい 夢 八木重吉
うつく　ゆめ

〈아름다운 꿈〉 야기 주키치

040.mp3

やぶれたこの　窓から
　　　　　　　まど
ゆうぐれ　街なみいろづいた　木をみたよる
　　　　　まち　　　　　　　き
ひさしぶりに　美しい夢をみた
　　　　　　うつく　ゆめ

깨진 이　창문 너머로
해 질 녘　거리와 물든 나무를 본 밤
오랜만에　아름다운 꿈을 꾸었다

| 년 | 월 | 일 | 요일 |

❖ 본래 일상적인 일본어에서는 띄어쓰기를 하지 않으나, 이 시에서 작가는 표현 방법 중 하나로 임의적인 띄어쓰기를 활용하였습니다. 그 밖에도 시에서는 줄을 바꾸거나 구두점을 찍거나 찍지 않기도 하는 등의 여러 방법을 활용합니다.

Part 03
041

冬の木々 山村暮鳥
　ふゆ　き ぎ
〈겨울 나무들〉 야마무라 보초

ふゆが	겨울이
きたとて	왔는데도
木は裸	나무는 벌거숭이
き　はだか	
春に	봄이
はる	올 때까지
なるまで	나무는 벌거숭이
木は裸	
き　はだか	하늘하늘
	눈이
ちらちら	흩날리면
雪が	
ゆき	꽃으로
ふってきて	옷을
	입지만
はなを	
きものに	그게
きるけれど	사라지면
	다시, 벌거숭이
それが	
消えると	
き	
また、裸	
はだか	

Part 03
042

梅 山村暮鳥
うめ
〈매화나무〉 야마무라 보초

042.mp3

ほのかな

深い宵闇である
ふか　よいやみ

どこかに

どこかに

梅の木がある
うめ　き

どうだい

星がこぼれるようだ
ほし

白梅だろうの
しらうめ

どこに

さいているんだろう

어렴풋하게
깊은 땅거미가 지고
어딘가에
어딘가에
매화나무가 있네
어때
별이 쏟아질 것 같지 않니?
하얀 매화일까?
어디에
피어 있는 걸까

Part 03

043

043.mp3

岬 与謝野晶子
みさき

〈곶〉 요사노 아키코

城ヶ島の
じょう しま
岬のはて、
みさき
笹しげり、
ささ
黄ばみて濡れ、
き　　　ぬ
その下に赤き切岸、
した あか きりぎし
近き汀は瑠璃、
ちか みぎわ るり
沖はコバルト、
おき
ここに来て暫し座れば
き　 しば すわ
春のかぜ我にあつまる。
はる　　　 われ

조가섬의
곶 끝자락,
무성한 조릿대,
누렇게 젖어 있고,
그 아래 붉게 깎인 절벽,
가까운 물가는 유릿빛,
먼바다는 코발트빛,
여기 와 잠시 앉으면
봄바람이 나를 감싼다.

| 년 | 월 | 일 | 요일 |

❖ 城ヶ島(じょうがしま)는 일본 가나가와현 미우라반도 남단에 위치한 섬입니다.

Part 03
044

桃の花 　与謝野晶子
　もも　はな

〈복숭아꽃〉 요사노 아키코

044.mp3

花屋の温室に、すくすくと
はなや　　むろ
きさくな枝の桃が咲く。
　　　えだ　もも　さ
覗くことをば怠るな、
のぞ　　　　　おこた
人の心も温室なれば。
ひと　こころ　むろ

꽃집 온실에서 쑥쑥 자라
싹싹한 가지 위에 복숭아꽃 피네.
들여다보는 일을 게을리 말라,
사람의 마음 또한 온실이니.

Part 04
오늘의 나는
슬픔

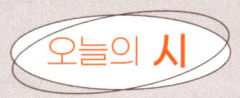

오늘의 시

- **045** 「반딧불이」 기타무라 도코쿠
- **046** 「겨울 새벽」 나카하라 주야
- **047** 「마른 버드나무」 도이 반스이
- **048** 「별과 꽃」 스스키다 규킨
- **049** 「그대의 마음은」 시마자키 도손
- **050** 「마음을 잇는 은빛 사슬」 시마자키 도손
- **051** 「흰 벽」 시마자키 도손
- **052** 「고단한 마음」 야기 주키치
- **053** 「마음속에 쌓여 가는 슬픔」 야기 주키치
- **054** 「봄도 늦어지고」 야기 주키치
- **055** 「어느 밤」 요사노 아키코
- **056** 「눈보라」 하기와라 사쿠타로
- **057** 「벚꽃」 하기와라 사쿠타로
- **058** 「풀꽃」 하기와라 사쿠타로

Part 04

045

ほたる 北村透谷

〈반딧불이〉 기타무라 도코쿠

ゆうべのひかりおさまりて、
　まず暮れかかる草陰に、
わずかに影をしるせども、
　なお身を恥ずるけしきあり。

羽虫を逐うて細川の、
　浅瀬をはしる若鮎が、
静まる頃やほたる火は、
　低く水辺をわたり行く。

腐草に生をうくる身の、
　かなしや月に照らされて、
もとの草にもかえらずに、
　たちまち空に消えにけり。

저녁 빛이 걷히고,
　먼저 저물어 가는 풀숲 그늘에,
간신히 그림자를 드리우지만,
　여전히 몸을 부끄러워하는 듯하다.

날벌레를 쫓는 잔잔한 시냇물의
　얕은 여울을 달리는 어린 은어가,
고요해질 무렵 반딧불은
　낮게 물가를 건너간다.

썩은 풀에서 태어난 이 몸이여,
　슬프도다, 달빛에 비춰져,
다시는 원래의 풀로 돌아가지 않고,
　금세 하늘로 사라지고 마는구나.

046

冬の明け方　中原中也
〈겨울 새벽〉 나카하라 주야

046.mp3

残んの雪が瓦に少なく固く
枯れ木の小枝が鹿のように眠い、
冬の朝の六時
私の頭も眠い。

烏が鳴いて通る——
庭の地面も鹿のように眠い。
——林が逃げた農家が逃げた、
空は悲しい衰弱。
　　　　　私の心は悲しい……

(後略)

남은 눈이 기와에 조금씩 단단히 붙어
마른 나무 잔가지들은 사슴처럼 졸고 있다.
겨울 아침 여섯 시
내 머리도 졸음에 젖어 있다.

까마귀가 울며 지나간다——
정원의 땅도 사슴처럼 졸고 있다.
——숲이 도망쳤다, 농삿집이 도망쳤다,
하늘은 슬픈 쇠약감으로 가득하다.
　　　　　내 마음은 슬프다……

(후략)

| 년 | 월 | 일 | 요일 |

Part 04
047

枯柳 土井晩翠
かれ やなぎ

〈마른 버드나무〉 도이 반스이

047.mp3

沈む夕日を見送りて
しず ゆうひ みおく
佇む岸のかれやなぎ、
たたず きし
消えぬすがたはつらくとも
き
しばしは忍べ程もなく
しの ほど
暗のころもに包ません、
やみ くる
下ゆく流れ水痩せて
した なが みずや
咽ぶも悲し秋の声。
むせ かな あき こえ

지는 석양을 배웅하며
물가에 우두커니 서 있는 마른 버드나무,
사라지지 않는 그 모습이 괴롭더라도
잠시 동안은 견뎌라. 금세
어둠의 옷자락에 감싸이게 할 테니
아래로 흐르는 물줄기 메말라
목이 메이는 듯 슬픈 가을의 소리.

년   월   일   요일

Part 04
048

星と花 薄田泣菫
ほし はな

〈별과 꽃〉 스스키다 규킨

星が空から落ちてきて、
ほし そら お
花が代りに撒かれたら、
はな かわ ま
空はやっぱり光ろうし、
そら ひか
野路もきっと明るかろ。
のみち あか

天の使いがおりてきて、
てん つか
星は殘らず取り去ろが、
ほし のこ と さ
み空の花を拾うには、
そら はな ひろ
ああ羽はなし、しょんがいな。
はね

별이 하늘에서 떨어지고
대신 꽃이 뿌려진다면,
하늘은 여전히 빛날 것이고
들길도 분명 밝아지겠지.

하늘의 사자가 내려와
별을 모두 가져가 버려도,
하늘에 흩어진 꽃을 줍기엔
아, 날개가 없으니 어쩔 수 없구나.

| 년 | 월 | 일 | 요일 |

❖ 「자-」는 고대에 신·임금·궁전의 사물 등과 같이 신성하거나 숭고하다고 여겨지는 말 앞에 쓰였던 접두어입니다.

Part 04
049

君がこころは <small>島崎藤村</small>
きみ

〈그대의 마음은〉 시마자키 도손

君がこころは蟋蟀の
きみ　　　　　　　こおろぎ
風にさそわれ鳴くごとく
かぜ　　　　　　な
朝影清き花草に
あさかげきよ　はなぐさ
惜しき涙をそそぐらん
お　　　なみだ

それかきならす玉琴の
　　　　　　　たまごと
一つの糸のさわりさえ
ひと　いと
君がこころにかぎりなき
きみ
しらべとこそはきこゆめれ

ああなどかくは触れやすき
　　　　　　　　　ふ
君が優しき心もて
きみ　やさ　こころ
かくばかりなる吾こいに
　　　　　　　　わが
触れたまはぬぞ恨みなる
ふ　　　　　　うら

그대의 마음은 귀뚜라미가
바람에 이끌려 우는 것처럼
아침 햇살 맑은 화초 위에
아쉬운 눈물을 흘리고 있겠지

그대가 타는 아름다운 거문고의
한 줄의 떨림조차도
그대의 마음에 끝없는
선율로 들리는 듯하구나

어찌 이리도 쉽게 닿는
그대의 다정한 마음은
이토록 깊은 나의 사랑에
닿지 않으시는가
아아, 원망스럽구나

Part 04
050

こころをつなぐしろかねの 島崎藤村

〈마음을 잇는 은빛 사슬〉 시마자키 도손

050.mp3

こころをつなぐ銀の
　　　　　　しろかね
鎖も今はたえにけり
くさり　いま
こいもまこともあすよりは
つめたき砂にそそがまし
　　　　すな

顔もうるおい手もふるい
かお　　　　て
逢うてわかれをおしむより
お
人目の関はへだつとも
ひとめ　せき
あかぬむかしぞしたわしき

形となりて添わずとも
かたち　　　そ
せめては影と添わましを
　　　　かげ　そ
たがいにおもうこころすら
裂きて捨つべきこの世かな
さ　　　す　　　　　よ

(後略)

마음을 잇던 은빛
사슬도 이제는 끊어져 버렸구나
사랑도 진심도 내일부터는
차가운 모래 위로 흘려보낼 것이다

얼굴이 젖고 손도 떨리며
만나고 헤어짐을 아쉬워하기보다는
세상이 우리를 갈라놓는다 해도
끝내 다 이루지 못한 지난날이 그리울 뿐

함께할 수 없다 하더라도
그림자가 되어서라도 곁에 머물고 싶건만
서로를 그리워하는 마음까지도
찢어 버려야 하는 세상인가
(후략)

년　월　일　요일

❖ 「しろかね」는 「しろがね(은, 은빛)」의 고어입니다. 〈岩波古語辞典〉에 따르면 일본 에도 시대 (1603~1868) 초기까지는 청음으로 표기하였다고 합니다.

Part 04
051

白壁 島崎藤村
しら かべ

〈흰 벽〉 시마자키 도손

たれかしるらん花ちかき
　　　　　　　はな
高殿われはのぼりゆき
たかどの
みだれて熱きくるしみを
　　　　あつ
うつしいでけり白壁に
　　　　　　　しらかべ

唾にしるせし文字なれば
つば　　　　　　もじ
ひとしれずこそ乾きけれ
　　　　　　　　かわ
あゝあゝ白き白壁に
　　　　しろ　しらかべ
わがうれいありなみだあり

누가 알리오 꽃이 가까운
높은 누각에 내가 올라가
심란하고 뜨거운 괴로움을
하얀 벽에 비추었음을

침으로 적은 글씨이기에
남모르게 말라 지워졌지만
아아 아아 하얀 흰 벽에
나의 슬픔이 있고 눈물이 있네

| 년 | 월 | 일 | 요일 |

❖ 「あゝあゝ」에 쓰인 「ゝ」는 문자가 반복됨을 나타내는 기호로, 앞의 히라가나를 반복해서 쓴다는 의미입니다. 읽을 때는 「あああ」와 같이 읽습니다.

Part 04
052

つかれたる 心 八木重吉
こころ

〈고단한 마음〉 야기 주키치

052.mp3

あかき 霜月の葉を
    しもつき は
窓よりみる日 旅を おもう
まど   ひ   たび
かくのごときは じつに心おごれるに似たれど
                こころ   に
まことは
こころ あまりにも つかれたるゆえなり

붉은 동짓달의 잎을
창문 너머로 바라보는 날 여행을 떠올린다
이러한 마음은 참으로 거만하게 보일지 모르나
실은
마음이 너무나도 지쳤기 때문이다

| 년 | 월 | 일 | 요일 |

❖ 본래 일상적인 일본어에서는 띄어쓰기를 하지 않으나, 이 시에서 작가는 표현 방법 중 하나로 임의적인 띄어쓰기를 활용하였습니다. 그 밖에도 시에서는 줄을 바꾸거나 구두점을 찍거나 찍지 않기도 하는 등의 여러 방법을 활용합니다.

Part 04
053

はらへたまってゆく かなしみ 八木重吉

〈마음속에 쌓여 가는 슬픔〉 야기 주키치

かなしみは　しずかに　たまってくる
しみじみと　そして　なみなみと
たまりたまってくる　わたしの　かなしみは
ひそかに　だが　つよく　透(す)きとおって　ゆく

こうして　わたしは　痴人(ちじん)のごとく
さいげんもなく　かなしみを　たべている
いずくへとても　ゆくところもないゆえ
のこりなく　かなしみは　はらへたまってゆく

슬픔은 조용히 쌓여 온다
사무치게 그리고 넘치도록
쌓이고 또 쌓여 오는 나의 슬픔은
은밀하게 하지만 강하게 투명해져 간다

이렇게 나는 바보처럼
끝도 없이 슬픔을 삼키고 있다
어디로든 갈 곳조차 없기에
남김없이 슬픔은 마음속에 쌓여 간다

년　　　　월　　　　일　　　　요일

❖ 본래 일상적인 일본어에서는 띄어쓰기를 하지 않으나, 이 시에서 작가는 표현 방법 중 하나로 임의적인 띄어쓰기를 활용하였습니다. 그 밖에도 시에서는 줄을 바꾸거나 구두점을 찍거나 찍지 않기도 하는 등의 여러 방법을 활용합니다.

Part 04
054

春も 晩く 八木重吉
(はる)(おそ)

〈봄도 늦어지고〉 야기 주키치

春も　おそく
(はる)
どこともないが

大空に　水が　わくのか
(おおぞら)(みず)

水が　ながれるのか
(みず)
なんとはなく

まともにはみられぬ　こころだ

大空に　わくのは
(おおぞら)
おもたい水なのか
(みず)

봄도　늦어지고
어딘지 모르게
드넓은 하늘에　물이　솟는 건가

물이　흐르는 건가
어쩐지
똑바로는 바라볼 수 없는　마음이다

드넓은 하늘에　솟아나는 것은
무거운 물인 걸까

❖ 본래 일상적인 일본어에서는 띄어쓰기를 하지 않으나, 이 시에서 작가는 표현 방법 중 하나로 임의적인 띄어쓰기를 활용하였습니다. 그 밖에도 시에서는 줄을 바꾸거나 구두점을 찍거나 찍지 않기도 하는 등의 여러 방법을 활용합니다.

Part 04
055

或夜 <small>与謝野晶子</small>
あるよ
〈어느 밤〉 요사노 아키코

055.mp3

部屋ごとに点けよ、
へや　　　　　つ
百燭の光。
ひゃくしょく　ひかり
瓶ごとに生けよ、
かめ　　　　い
ひなげしとばらと。
慰むるためならず、
なぐさ
懲らしむるためなり。
こ
ここに一人の女、
ひとり　　おんな
讃むるを忘れ、
ほ　　　　わす
感謝を忘れ、
かんしゃ　　わす
小さき事一つに
ちい　　ことひと
つと泣かまほしくなりぬ。
　　　な

방마다 불을 켜라,
백 촉의 불빛을.
꽃병마다 꽃을 꽂아라,
개양귀비와 장미를.
위로하기 위해서가 아닌,
꾸짖기 위해서다.
여기 한 여인은
찬미하는 것을 잊고,
감사하는 것을 잊고,
사소한 일 하나에
불쑥 울고 싶어졌다.

Part 04
056

ふぶき 萩原朔太郎
〈눈보라〉 하기와라 사쿠타로

くち惜(お)しきふるまいをしたる朝(あさ)
あららんらんと降(ふ)りしきる雪(ゆき)を冒(おか)して
一目散(いちもくさん)にひたばしる
このとき雨(あめ)もそいきたり
すべてはくやしきそら涙(なみだ)
あの顔(かお)にちらりと落(お)ちたそら涙(なみだ)
けんめいになりて走(はし)れよ
ひたばしるきちがいの涙(なみだ)にぬれて

あららんらんと吹(ふ)きつける
なんのふぶきぞ青(あお)き雨(あめ)ぞや

후회스러운 행동을 한 아침
휙휙 세차게 휘몰아치는 눈을 무릅쓰고
쏜살같이 내달리는
그때 비마저 들이닥친다
모든 것은 억울함에 찬 거짓 눈물
그 얼굴에 언뜻 떨어진 거짓 눈물
있는 힘껏 달려라
쉬지 않고 달리는 미치광이의 눈물에 젖어

휙휙 세차게 휘몰아치는
무슨 눈보라인가 차디찬 비이던가

Part 04
057

桜 萩原朔太郎
〈벚꽃〉 하기와라 사쿠타로

桜のしたに人あまたつどひいぬ
なにをして遊ぶならん。
われも桜の木の下に立ちてみたれども
わがこころはつめたくして
花びらの散りておつるにも涙こぼるるのみ。
いとおしや

いま春の日のまひるどき
あながちに悲しきものをみつめたる我にしもあらぬを。

벚꽃 아래 수많은 사람들이 모여 앉아 있네
무엇을 하며 노는 것일까.
나 또한 벚나무 아래 서 보았지만
내 마음은 싸늘하기만 하고
꽃잎이 흩날려 떨어질 때에도 눈물만이 흐를 뿐.
애달프구나
지금 이 봄날, 한낮에
그토록 슬픈 것을 굳이 바라보는 내가 아닌데도.

Part 04
058

くさばな　萩原朔太郎

〈풀꽃〉 하기와라 사쿠타로

君はそれとも知らざれど
きみ　　　　　　し
我が手に持てる草ばなの
わ　て　　も　　くさ
薄くにじめる涙にも
うす　　　　　　なみだ
男ごころのやるせなき
おとこ
愁いの節はこもりたり
うれ　　ふし

그대는 그렇다는 것도 모르고 있지만
내 손에 들려 있는 풀꽃에
희미하게 스며든 눈물 속에도
남자 마음속 어찌할 수 없는
슬픈 선율이 깃들어 있다네

년 월 일 요일

Part 05

오늘의 나는
쓸쓸함

오늘의 시

- **059** 「달밤의 바람」 기타하라 하쿠슈
- **060** 「틈」 기타하라 하쿠슈
- **061** 「후박나무와 달」 기타하라 하쿠슈
- **062** 「늦가을 비」 스스키다 규킨
- **063** 「여름」 스스키다 규킨
- **064** 「달밤」 시마자키 도손
- **065** 「봄은 어디에」 시마자키 도손
- **066** 「가을」 야기 주키치
- **067** 「사과」 야마무라 보초
- **068** 「손」 야마무라 보초
- **069** 「아침」 야마무라 보초
- **070** 「늦가을의 풀」 요사노 아키코
- **071** 「추사」 요사노 아키코
- **072** 「단풍」 하기와라 사쿠타로
- **073** 「푸른 눈」 하기와라 사쿠타로

Part 05

059

月夜の風 北原白秋
つき よ かぜ

〈달밤의 바람〉 기타하라 하쿠슈

秋はほのかに寝ざめして、
あき　　　　　　　ね
あわれと思う幾夜さぞ。
　　　　おも　いくよ
とすれば白う吹きたちて、
　　　　しろ　ふ
月夜の風も消えゆけり。
つきよ　かぜ　き

가을은 어렴풋이 잠에서 깨고,
가슴 깊이 사무치는 감동에 젖은 몇몇 날
이따금 달빛에 하얗게 일더니
달밤의 바람도 스러져 가네.

❖ 「(ものの)あわれ」는 일본 고대 문학의 기본적인 미적 이념으로, 깊게 사무치는 감동과 정취를 의미합니다. 단순한 슬픔이 아니라 자연과 인생의 무상함 속에서 느끼는 깊은 정취를 뜻하며, 특히 일본 고전 문학에서 중심적인 개념으로 다뤄졌습니다.

Part 05
060

小閑　北原白秋
しょう かん
〈틈〉 기타하라 하쿠슈

ながめあかるきおりおりを
ほそりと影は通るなり。
　　　かげ　　とお
なにかわびしき日向ぼこ
　　　　　　　ひなた
物の穂などもはかなさよ。
もの　　ほ

밝은 풍경 속 가끔씩
가느다란 그림자가 스쳐 지나네.
왠지 쓸쓸한 햇살 아래의 한때
들풀의 이삭조차도 덧없구나.

년   월   일   요일

Part 05

061

朴と月 北原白秋
ほお つき
〈후박나무와 달〉 기타하라 하쿠슈

061.mp3

朴の木の濃き影見れば、
ほお き こ かげ み
弦月の黄に明るなり。
げんげつ き あか
花過ぎて、啼くや、幾夜さ、
はな す な いくよ
ほととぎす、
　　薄墨の鳥。
　　うすずみ とり

후박나무 짙은 그늘 바라보면,
반달이 노랗게 밝아지네.
꽃이 지고, 몇 밤이나 울었을까,
두견새여,
　　먹빛 새여.

Part 05
062

しぐれ　薄田泣菫

〈늦가을 비〉 스스키다 규킨

はつかねずみは巣にこもる、
　　　　　　　す
鮎は流れの瀬をくだる、
あゆ　なが　せ
丸葉柳の葉は落ちる、
まるばやなぎ　は　お
新嘗祭※過ぎてから、
にいなめさい　す
秋は寂しい日ばかりで、
あき　さび　ひ
今日も時雨がふるそうな。
きょう　しぐれ

생쥐는 보금자리에 틀어박히고,
은어는 여울을 따라 흘러 내려가고,
왕버들 잎은 떨어진다.
추수감사제가 지나고 나면,
가을은 쓸쓸한 날들뿐,
오늘도 가랑비가 내린다네.

년　　　　월　　　　일　　　　요일

❖ 「新嘗祭」는 매년 11월 23일 왕실에서 행하는 의식으로, 일왕(천황)이 수확된 곡식을 신에게 바치고 그것을 신의 은혜로 받아들여 스스로 먹는 이 의식을 통해 감사의 뜻을 전합니다. 이 의식은 일본 전국의 신사에서도 행해집니다.

Part 05
063

夏 薄田泣菫
〈여름〉 스스키다 규킨

鳥がなきます、
鳴くも、やれさて、
野べに、山べに、
夏が来たとて。

花のこぼれた
森の小道を、
春は往ぬやら、
なごり惜しやの。

새가 웁니다,
우는 것도, 참,
들판에, 산에,
여름이 왔다고.

꽃이 흩어진
숲의 오솔길을,
봄은 가버린 걸까,
떠나보내기 아쉽구나.

Part 05
064

月夜　島崎藤村
〈달밤〉 시마자키 도손

064.mp3

しずかにてらせる
　　　　月のひかりの
などか絶え間なく
　　　　ものおもわする
さやけきそのかげ
　　　　こえはなくとも
みるひとの胸に
　　　　忍び入るなり
なさけは説くとも
　　　　なさけをしらぬ
うきよのほかにも
　　　　朽ちゆくわがみ
あかさぬおもいと
　　　　この月かげと
いずれか声なき
　　　　いずれかなしき

조용히 비추는
　　　　달빛이여
어찌하여 끊임없이
　　　　깊은 생각에 잠기게 하는가
맑고도 선명한 그 빛은
　　　　소리 없지만
바라보는 이의 가슴속에
　　　　조용히 스며드네
사랑을 가르치면서도
　　　　사랑을 모르는
현실을 떠난 세상에서도
　　　　내 몸은 스러져 가네
털어놓을 수 없는 이 마음과
　　　　이 달빛은
어느 쪽이 더 말이 없고
　　　　어느 쪽이 더 슬픈가

| 년 | 월 | 일 | 요일 |

❖ 이 시는 8·7조라는 매우 독특한 음수율을 보입니다. 일본 시에서는 7·5조, 5·7조 등이 대표적이며 드물지만 근대에는 5·5조도 보입니다. 일본 에도 시대(1603~1868)에는 7·7·7·5조로 구성된 정형시가 유행하는 등 5 또는 7의 음수율이 일반적인데 반해 이 시의 리듬은 매우 독특하지요.

Part 05
065

春(はる)やいずこに　島崎藤村
〈봄은 어디에〉 시마자키 도손

(前略)

色(いろ)をほこりしあさみどり
わかきむかしもありけるを
今(いま)はしげれる夏(なつ)の草(くさ)
　　　ああ一時(ひととき)の
　　　　　　春(はる)やいずこに

梅(うめ)も桜(さくら)もかわりはて
枝(えだ)は緑(みどり)の酒(さけ)のごと
酔(よ)うてくずるる夏(なつ)の夢(ゆめ)
　　　ああ一時(ひととき)の
　　　　　　春(はる)やいずこに

(전략)
그 빛깔 뽐내던 연둣빛
어린 싹이던 때도 있었건만
지금은 무성한 여름 풀만이
　　　아아 잠시였던
　　　　　봄은 어디에

매화도 벚꽃도 모두 져버리고
가지는 온통 초록빛 술처럼
취해 무너지는 여름의 꿈
　　　아아 잠시였던
　　　　　봄은 어디에

秋 八木重吉
あき
〈가을〉 야기 주키치

秋が　くると　いうのか
あき
なにものとも　しれぬけれど

すこしずつ　そして　わずかにいろづいてゆく、

わたしのこころが

それよりも　もっとひろいもののなかへくずれて　ゆくのか

가을이　온다고　하는 것인가
누구인지 알 수 없지만
조금씩　그리고　희미하게 물들어 가는
내 마음이
그보다　좀 더 넓은 곳으로 무너져　가는 것인가

| 년 | 월 | 일 | 요일 |

❖ 본래 일상적인 일본어에서는 띄어쓰기를 하지 않으나, 이 시에서 작가는 표현 방법 중 하나로 임의적인 띄어쓰기를 활용하였습니다. 그 밖에도 시에서는 줄을 바꾸거나 구두점을 찍거나 찍지 않기도 하는 등의 여러 방법을 활용합니다.

Part 05

067

りんご 山村暮鳥

〈사과〉 야마무라 보초

両手をどんなに
りょうて
大きく大きく
おお　　おお
ひろげても

かかえきれないこの気持ち
　　　　　　　　　　き　も
りんごが一つ
　　　　ひと
日あたりにころがっている
ひ

두 손을 아무리
크게 크게
벌려 보아도
차마 다 안을 수 없는 이 마음
사과 하나가
햇볕 속에 떨어져 있다

년 월 일 요일

Part 05
068

手
て
〈손〉 야마무라 보초 山村暮鳥

しっかりと
にぎっていた手を
ひらいてみた

ひらいてみたが
なんにも
なかった

しっかりと
にぎらせたのも
さびしさである

それをまた
ひらかせたのも
さびしさである

꽉
쥐고 있던 손을
펴 보았다

펴 보았지만
아무것도
없었다

꽉
쥐게 한 것도
쓸쓸함이었고

그 손을 다시
펴게 한 것도
쓸쓸함이었다

년   월   일   요일

Part 05
069

朝 山村暮鳥
あさ
〈아침〉 야마무라 보초

なんという麗らかな朝だろう
　　　　うら　　　　あさ
娘達の一塊がみちばたで
むすめたち　ひとかたまり

たちばなししている

うれしそうにわらっている

そこだけが

馬鹿に明るい
ば か　あか

だれもかれもそこをとおるのが

まぶしそうにみえる

이 얼마나 화창한 아침인가
소녀들이 무리지어 길가에
서서 이야기를 나누고 있다
즐겁게 웃고 있다
그곳만이
유난히 밝다
그 앞을 지나는 누구나 모두
눈부신 듯 보인다

Part 05
070

晩秋の草 　与謝野晶子
ばんしゅう　くさ

〈늦가을의 풀〉 요사노 아키코

野の秋更けて、露霜に
の　あきふ　　つゆしも

打たるものの哀れさよ。
う　　　　　あわ

いよいよ赤む蓼の茎、
あか　たで　くき

黒き実まじるコスモスの花、
くろ　み　　　　　　　　　はな

さてはまた雑草のうら枯れて
ざっそう　　　か

斑を作る黄と緑。
まだら　つく　き　みどり

들녘의 가을 깊어가며, 서리와 이슬을
맞네. 처량함이여.
더욱더 붉어지는 여뀌의 줄기,
검은 열매 섞인 코스모스 꽃,
또한 잡초들은 잎끝이 말라
초록 잎에 누런 얼룩을 만들고 있네.

| | 년 | 월 | 일 | 요일 |

❖ 「露霜」을 현대에는 「つゆじも」와 같이 표기하나 고대에는 「つゆしも」와 같이 청음으로 표기하였다고 합니다. 시인은 그러한 옛말을 살려 표현하였습니다.

Part 05
071

秋思 与謝野晶子
しゅうし

〈추사〉 요사노 아키코

071.mp3

わが思い、この朝ぞ
　　おも　　　　あさ
秋に澄み、一つに集まる。
あき　す　　ひと　あつ
愛と、死と、芸術と、
あい　し　　げいじゅつ
玲瓏として涼し。
れいろう　　　すず
目を上げて見れば
め　あ　　　み
かの青空も我れなり、
　　あおぞら　わ
その木立も我れなり、
　　こだち　わ
前なる狗子草も
まえ　　えのころぐさ
涙しとどに溜めて
なみだ　　　　た
やがて泣ける我れなり。
　　　な　　　わ

나의 심정, 이 아침에
가을빛에 맑아져 하나로 모여든다.
사랑과, 죽음과, 예술
영롱하고 맑구나.
눈을 들어 바라보니
저 푸른 하늘도 나요,
그 나무숲도 나요,
눈앞의 강아지풀도
눈물 가득 고여
그대로 울어 버리는 나구나.

Part 05
072

もみじ 萩原朔太郎

〈단풍〉 하기와라 사쿠타로

072.mp3

霜つき☆きたり
しも
木ぬれをそめると
こ
おもいしものを
庭にあずまやの
にわ
遠見をそめ
とおみ
うすべにさせる
魚をそめ
うお
わかるるきみの
くちをそめ

동짓달이 와
가지 끝부터 물들일 거라
생각했건만
정원의 정자(亭子)에서
멀리 보이는 풍경을 물들이고
연분홍빛
물고기를 물들이며
떠나는 그대의
입술을 물들이네

❖ 「霜つき(霜月)」는 동짓달(음력 11월)을 의미하는데, 음력 11월은 단풍과 맞지 않는다고 생각할 수 있습니다. 그러나 작가의 시대에는 이미 양력을 일반적으로 사용했다는 점, 음력 날짜만으로는 그 당시 계절 감각을 정확히 파악하기 어렵다는 점, 일본과 한국의 단풍철은 차이가 있으며 일본의 평균 기온 상승 등의 이유로 과거 50년간 약 2주 이상 단풍철이 늦어진 점 등을 고려하면 작가가 시에서 말하는 때는 음력 동짓달이 아닌 양력 11월일 수도 있습니다.

Part 05
073

青いゆき　萩原朔太郎
あお
〈푸른 눈〉 하기와라 사쿠타로

青いぞ、
あお
ゆきはまっさお、
もも、さくらぎに花咲かず、
　　　　　　　　はな さ
青いこなゆき、
あお
光る山路に泣きくらす。
ひか やまじ　な
青いぞ。
あお

파랗다.
눈은 새파랗고,
복숭아와 벚나무엔 꽃이 피지 않고,
푸른 가루눈,
빛나는 산길에서 종일 울며 지내네.
파랗다.

Part 06
오늘의 나는
그리움

074 「초겨울의 이별」 기타하라 하쿠슈

075 「풍향계」 기타하라 하쿠슈

076 「가랑비」 스스키다 규킨

077 「대추나무」 스스키다 규킨

078 「딸기」 스스키다 규킨

079 「멧새」 스스키다 규킨

080 「나의 사랑은 강가에 자라난」 시마자키 도손

081 「낙엽송 나무」 시마자키 도손

082 「낮의 꿈」 시마자키 도손

083 「황혼」 시마자키 도손

084 「기억에 대하여」 야마무라 보초

085 「옛날이야기」 야마무라 보초

086 「지난날」 요사노 아키코

087 「먼바다를 바라본다」 하기와라 사쿠타로

Part 06
074

初冬のわかれ 北原白秋
しょ とう

〈초겨울의 이별〉 기타하라 하쿠슈

冷えてあかるき園の中、
ひ　　　　　　　その　うち
ただに噴水ぞゆらぐなる。
　　　ふきい
夏の記憶のなお白き
なつ　きおく　　　しろ
楕円の、菱の花畑
だえん　　ひし　はなばたけ
なべてすがれて日も入りぬ。
　　　　　　　　ひ　い

きょうの小径にわかるれば
　　　　こみち
紅さるびあの花老けし、
べに　　　　　はな ふ
あとにさもしく笑うなり、
　　　　　　　わら
色情狂の前髪の
いろきちがい　まえがみ
花かんざしを見るごとく。
はな　　　　　　み

(後略)

싸늘히 빛나는 정원 한가운데,
오직 분수만이 흔들리고 있구나.
여름의 기억이 여전히 하얀
타원형의 마름모 모양 꽃밭도
모두 시들고 해가 드네.

오늘 걷던 오솔길에서 이별할 때
붉은 샐비어꽃 시들어 간 뒤,
비루하게 웃고 있네.
색에 미친 여자 앞머리에
꽂힌 꽃 비녀를 보는 것처럼.
(후략)

년   월   일   요일

Part 06
075

風見 北原白秋
かざみ

〈풍향계〉 기타하라 하쿠슈

ほのぼのと軋むは
きし
屋根の風見か、矢ぐるま、
やね　かざみ　　　や
まんじりともせぬわがこころ、
わかれた夜から、夜もすがら、
よる　　　　よ
まだ、あかつきの空かけて、
そら
きりやきり、きりやほろろ。

어렴풋하게 삐걱거리는 것은
지붕 위의 풍향계인가, 팔랑개비인가
뜬눈으로 밤을 지새는 내 마음
이별한 그 밤부터 밤새도록
아직 새벽 하늘에
끼릭 끼릭 끼리릭

Part 06

076

こさめ 薄田泣菫

〈가랑비〉 스스키다 규킨

今日も小雨が
降るそうな。
お寺の庭の
菩提樹に、
蛇の目の傘に、
つばくろに、
わたしが結うた
鉢の木の
てりてり法師に、
まださめぬ
昼寝の夢の
あの人に。

오늘도 가랑비가
내리는구나.
절 마당의
보리수나무에,
원 무늬 우산에,
제비에게,
내가 매단
화분 속 나무의
해나리 인형에,
아직 깨지 않은
낮잠 속 꿈속의
그 사람에게.

| 년 | 월 | 일 | 요일 |

❖ 「蛇の目の傘」는 적색과 감색 등을 배경색으로 칠하고 위에서 보면 속이 빈 원을 하얀색으로 칠한 일본풍 우산입니다. 「てりてり法師」는 각 지방과 지역에 따라 「てるてる坊主(ぼうず)・てりてり坊主」 등으로도 불리며 하얀 천 위에 동그란 것을 올려 감싼 뒤 실로 묶어 만드는 인형입니다. 비가 그치고 맑아지길 바라는 마음으로 걸어 놓습니다.

Part 06
077

なつめ 薄田泣菫

〈대추나무〉 스스키다 규킨

なつめの枝をゆすぶれば、
黄金の色の実が落ちる。
妹が一人あったなら、
夏は二人でうれしかろ。

一人はあった妹は、
いつぞや遠い国へいった。
知らぬ木蔭でこのように
夏は木の実を拾うやら。

대추나무 가지를 흔들면,
황금빛 열매가 떨어진다.
여동생이 있었다면,
여름은 둘이서 기뻤으리라.

하나 있던 여동생은
언젠가 먼 나라로 떠나 버렸네.
낯선 나무 그늘 아래서 그 아이도 이렇게
여름엔 나무 열매를 줍고 있을까.

Part 06

078

いちご　薄田泣菫

〈딸기〉 스스키다 규킨

山家そだちの野苺が、
やまが　　　　　のいちご
麦の穂も出る夏の朝、
むぎ　ほ　で　なつ　あさ
熟れて、摘まれて、送られて、
う　　　つ　　　おく
都の市に来てみれば、
みやこ　いち　き
朝も葉末の露はなし、
あさ　はずえ　つゆ
昼も小鳥の音は聞かず、
ひる　ことり　ね　き
なんぼむかしがよかろかと、

西日のさした店先で、
にしび　　　　みせさき
娘のような息をして、
むすめ　　　　いき
身のしあわせを泣いたとさ。
み　　　　　　　な

산골에서 자란 산딸기가
보리 이삭도 나온 여름 아침,
잘 익어 따여지고 보내져
도시의 시장에 와 보니,
아침에도 잎끝에 이슬 없고,
낮에도 작은 새들의 소리가 들리지 않아,
'옛날이 얼마나 좋았던가' 하고,
석양이 비치는 가게 앞에서,
소녀 같은 한숨을 쉬며,
자신의 운명을 슬퍼하며 울었다네.

Part 06

079

ほおじろ 薄田泣菫

〈멧새〉 스스키다 규킨

お山育ちのほおじろが
やまそだ
山がつらいと里へ来て、
やま　　　　　さと　き
里で捕られて、ほおじろが
さと　と
山が恋しと鳴きまする。
やま　こい　　な

산에서 자란 멧새가
산이 힘들어 마을에 내려와
마을에서 붙잡힌 멧새,
산이 그립다며 웁니다.

079.mp3

년   월   일   요일

Part 06
080

吾が恋は河辺に生いて 島崎藤村
〈나의 사랑은 강가에 자라난〉 시마자키 도손

080.mp3

吾が恋は河辺に生いて
根を浸す柳の木なり
枝延びて緑なすまで
いのちをぞ君に吸うなる

北のかた水去り帰り
昼も夜も南を知らず
ああわれも君にむかいて
草をしき思いを送る

나의 사랑은 강가에 자라난
뿌리를 물에 담근 버드나무라네
가지를 뻗어 푸르게 무성해질 때까지
내 모든 생명을 그대에게서 빨아들이네

강물은 북쪽으로 흘러 돌아가
낮에도 밤에도 남쪽을 알지 못하듯
아아, 나 또한 그대를 향해
풀을 깔고 그리움을 띄우네

| 년 | 월 | 일 | 요일 |

Part 06
081

落葉松の木 島崎藤村
からまつき
〈낙엽송 나무〉 시마자키 도손

081.mp3

落葉松の木はありとても
からまつき
石南花の花さくとても
しゃくなげ　はな
故郷遠き草枕
ふるさととお　くさまくら
思いはなにか慰まん
おも　　　　　なぐさ
旅寝は胸も病むばかり
たびね　むね　や
沈む憂いは酔うがごと
しず　うれ　　よ
ひとりぬる夜の夢にのみ
よ　ゆめ
ただ夢にのみ山路を下る
ゆめ　　　やまじ　くだ

낙엽송 나무가 있어도
만병초가 피어도
고향은 아득히 먼 타향 생활
이 그리움을 무엇으로 달랠까
객지에서 잠을 청하면 가슴에 병이 들 뿐
깊이 가라앉은 이 괴로움은 마치 술에 취한 듯
홀로 잠든 밤의 꿈속에서만
오직 꿈속에서만 산길을 내려간다

년　　월　　일　　요일

Part 06
082

昼の夢 島崎藤村
〈낮의 꿈〉 시마자키 도손

花橘の袖の香の
みめうるわしきおとめごは
真昼に夢を見てしより
さめて忘るる夜のならい
まひるの夢のなぞもかく
忘れがたくはありけるものか

ゆめと知りせばなまなかに
さめざらましを世に出でて
うらわかぐさのうらわかみ
何をか夢の名残ぞと
問わば答えん目さめては
熱き涙のかわく間もなし

탱자꽃 향기가 스민 소매의
아름다운 소녀는
한낮에 꿈을 꾸고 나서
잠을 깨면 잊는 것이 밤의 도리이거늘
백일몽은 어찌 이리도
잊기 힘든 것이냐

꿈인 줄 알았더라면 차라리
깨지 않았을 것을 세상에 나와
아직 여린 이파리인데
무엇을 꿈의 흔적으로 삼을지
묻는다면 이렇게 대답하리 눈을 뜨니
뜨거운 눈물이 마를 새도 없다고

Part 06
083

黄昏(たそがれ) 島崎藤村
〈황혼〉 시마자키 도손

つと立(た)ちよれば垣根(かきね)には
露草(つゆくさ)の花(はな)さきにけり
さまよいくれば夕雲(ゆうぐも)や
これぞこいしき門辺(かどべ)なる

瓦(かわら)の屋根(やね)に烏(からす)啼(な)き
烏(からす)帰(かえ)りて日(ひ)は暮(く)れぬ
おとずれもせず去(い)にもせで
蛍(ほたる)と共(とも)にここをあちこち

불쑥 다가서니 울타리에는
달개비꽃이 피어 있구나
떠돌다 보니 저녁 구름 피어오르고
이 문가야 말로 그리운 곳이니라

기와지붕 위에서 까마귀 울고
까마귀가 돌아가니 해는 저무네
찾아오지도 않고 떠나지도 않고
반딧불이와 함께 여기저기 떠도는구나

년   월   일   요일

Part 06

084

記憶について 山村暮鳥
きおく

〈기억에 대하여〉 야마무라 보초

084.mp3

ぽんぽんとつめでひき

さてゆみをとったが

いつしか調子はくるっている
　　　ちょうし

ほこりだらけのバイオリン

それでもちょいと

草の葉っぱのどこかのかげでないている
くさ　は

あのきりぎりすの声をまねてみた
　　　　　　　こえ

통퉁 손톱으로 뜯어 보고
그러고는 활을 들어 올렸지만
어느샌가 음은 엉망이 되어 버렸다
먼지투성이 바이올린
그래도 살짝
풀잎 그늘 어딘가에서 울고 있는
저 여치 소리를 따라 해 본다

년   월   일   요일

昔語り 山村暮鳥
むかし がた

〈옛날이야기〉 야마무라 보초

昔、昔の
むかし　むかし
そのむかし

昔の話をきかそうか
むかし　はなし

じじが

こどもの

そのころも

山には霧がかかってた
やま　　きり
森には小鳥がないていた
もり　　ことり

옛날, 옛날
아주 먼 옛날
옛날이야기를 들려줄까
할아버지가
어린아이였던
그 시절에도

산에는 안개가 피어올랐고
숲에는 작은 새가 울고 있었단다

년   월   일   요일

Part 06

086

過ぎし日 与謝野晶子
〈지난날〉 요사노 아키코

まず天つ日を、次にばら、
それに見とれて時経しが、
疲れたる目を移さんと、
して漸くに君を見き。

먼저 하늘의 태양을, 그다음엔 장미를,
그것들에 넋을 잃고 시간은 흘렀지만,
지친 눈길을 다른 곳으로 돌리다
그제야 비로소 그대를 보았네.

Part 06
087

沖を眺望する 萩原朔太郎
〈먼바다를 바라본다〉 하기와라 사쿠타로

ここの海岸には草も生えない
なんというさびしい海岸だ
こうしてしずかに波を見ていると
波の上に波がかさなり
波の上に白い夕方の月がうかんでくるようだ
ただひとり出でて磯馴れ松の木をながめ
空にうかべる島と船とをながめ
私はながく手足をのばして寝ころんでいる
ながく呼べどもかえらざる幸福のかげをもとめ
沖に向って眺望する。

이 바닷가에는 풀조차 자라지 않는다
이 얼마나 쓸쓸한 바닷가인가
이렇게 조용히 파도를 보고 있으면
파도 위에 파도가 겹쳐져
파도 위로 하얀 저녁달이 떠오르는 듯하다
그저 홀로 나와 바닷바람에 낮게 자란 소나무를 바라보고
하늘에 떠 있는 섬과 배를 바라보며
나는 길게 손발을 뻗고 드러누워 있다
아무리 불러도 돌아오지 않는 행복의 그림자를 찾아
저 멀리 바다 너머를 바라본다.

년 월 일 요일

❖ 「磯馴れ松」는 바닷바람 때문에 가지가 땅을 기듯 낮게 자란 해변가의 소나무를 말합니다.

Part 07
오늘의 나는 외로움

- 088 「슬픔의 깊은 곳」 기타하라 하쿠슈
- 089 「요 며칠 밤」 기타하라 하쿠슈
- 090 「차가운 밤」 나카하라 주야
- 091 「제비」 스스키다 규킨
- 092 「별똥별」 시마자키 도손
- 093 「야자열매」 시마자키 도손
- 094 「풀씨」 야기 주키치
- 095 「언제랄 것도 없이」 야마무라 보초
- 096 「장갑」 야마무라 보초
- 097 「손 위의 꽃」 요사노 아키코
- 098 「오자」 이쿠타 슌게쓰
- 099 「작별」 하기와라 사쿠타로
- 100 「크리스마스」 하기와라 사쿠타로

Part 07

088

悲しみの奥 北原白秋
かな　　おく

〈슬픔의 깊은 곳〉 기타하라 하쿠슈

白く悲しく、数あまた
しろ　かな　　　かず
釣鐘の花咲きにけり。
つりがね　はな　さ
緑こまかき神経の
みどり　　　　しんけい
悲しみのみち、園の奥、
かな　　　　　その　おく
金の光にわけ入れば
きん　ひかり　　　い
アスパロガスの葉のかげに
　　　　　　　は
涙はしじにふりそそぎ、
なみだ
小鳥来鳴かず、君見えず、
ことり き な　　きみ み
空も盲いし真昼時、
そら めし　ま ひるどき
白く悲しく、数あまた
しろ　かな　　　かず
釣鐘の花咲きにけり。
つりがね　はな　さ

하얗고 슬프게, 수없이
초롱꽃이 피어 있구나.
초록빛의 섬세한 신경처럼 얽힌
슬픔의 길, 정원의 깊은 곳,
금빛 속으로 들어가면
아스파라거스 잎 그늘 아래
눈물은 하염없이 쏟아지고,
작은 새는 와서 울지 않고, 그대는 보이지 않고
하늘마저 눈먼 한낮,
하얗고 슬프게, 수없이
초롱꽃이 피어 있구나.

Part 07

089

夜ごろ　北原白秋
よ
〈요 며칠 밤〉 기타하라 하쿠슈

紫の
むらさき
靄と雲、
もや　　くも
月はあり、ありかのみ。
つき

ほのぼのと
また開く、
ひら
雨あとや、わがとぼそ。
あめ

見え来つつ、
み　き
また消ゆる
き
声と色、影と艶。
こえ　いろ　かげ　つや

この夜ごろ。
よ
あわあわし、
花と葉と、花うるし。
はな　は　　はな

보랏빛
안개와 구름,
달은 떠 있으나, 그 자리만 보이네.

어슴푸레
다시 열리는,
빗자국, 나의 문.

모습을 보였다가,
다시 사라지길 반복하는
소리와 빛깔, 빛과 광택.

요 며칠 밤.
옅고 은은한,
꽃과 잎과, 옻나무꽃.

Part 07

090

冷たい夜 中原中也
〈차가운 밤〉 나카하라 주야

冬の夜に
私の心が悲しんでいる
悲しんでいる、わけもなく……
心は錆びて、紫色をしている。

丈夫な扉の向こうに、
古い日は放心している。
丘の上では
棉の実がはじける。

ここでは薪が燻っている、
その煙は、自分自らを
知ってでもいるようにのぼる。

誘われるでもなく
もとめるでもなく、
私の心が燻る……

겨울밤
내 마음이 슬퍼하고 있다
슬퍼하고 있다, 이유도 없이……
마음은 녹슬어 보라색을 띠고 있다.

튼튼한 문 저편에
오랜 날들은 멍하니 있다.
언덕 위에는
목화 열매가 터지고 있다.

이곳에서는 아직 장작에 불씨가 살아 있다.
그 연기는 마치 자신을
알고 있기라도 하듯이 피어오른다.

이끌리는 것도 아니고,
바라는 것도 아니지만,
내 마음엔 아직 불씨가 살아 있다……

Part 07

091

つばめ 薄田泣菫

〈제비〉 스스키다 규킨

田の面の稲は刈られたし、
も往の往のとは思えども、
あとに名残が惜しまれて、
昨日も今日も往にかねた
麓の里のつばくらめ。

いっそ今年は泊ろかと、
古巣にまたも来たものの、
ひとり住まいのともすれば、
落ち葉の音に、南国の
夏を夢みるつばくらめ。

논바닥 벼들은 모두 베어졌으니,
이제 떠날 때라 생각하면서도
이별이 아쉬워,
어제도 오늘도 떠나지 못하는
산기슭 마을의 제비.

차라리 올해는 머물까 하여
옛 둥지로 다시 돌아왔건만,
홀로 사는 쓸쓸함에
낙엽 떨어지는 소리에 남쪽 나라의
여름을 꿈꾸는 제비.

| 년 | 월 | 일 | 요일 |

❖ 일본어 한자의 발음 표기는 시대에 따라 청음에서 탁음으로 바뀌기도 하며 문학적으로 표현하기 위해 작가가 임의로 탁음을 청음으로 표기하는 경우도 있습니다. 「ひとり住まい(혼자 삶)」는 보통 현대에 「ひとりずまい」와 같이 표기하나 여기서는 원문의 표기를 살리고자 하였습니다.

Part 07

092

流星 島崎藤村
りゅうせい
〈별똥별〉 시마자키 도손

092.mp3

門にたち出でただひとり
かど　　い
人待ち顔のさみしさに
ひとま　がお
ゆうべの空をながむれば
　　　　そら
雲の宿りも捨てはてて
くも　やど　　す
何かこいしき人の世に
なに　　　　ひと　よ
流れて落つる星一つ
なが　　お　　　ほしひと

문가에 나서서 그저 홀로
누군가를 기다리는 쓸쓸한 얼굴로
저녁 하늘을 멍하니 바라보니
구름의 거처도 버려두고
무엇이 그리운지 인간 세상에
흘러 떨어지는 별 하나

Part 07
093

椰子の実 島崎藤村
〈야자열매〉 시마자키 도손

名も知らぬ遠き島より
流れ寄る椰子の実一つ

故郷の岸を離れて
汝はそも波に幾月

もとの樹は生いや茂れる
枝はなお影をやなせる

われもまた渚を枕
独り身の浮き寝の旅ぞ
(後略)

이름도 모를 먼 섬에서
흘러온 야자열매 하나

고향의 해안을 떠나
그대는 도대체 몇 달이나 파도에 밀려 떠도는가

그곳의 나무는 무성할까
그 가지는 여전히 그늘을 드리울까

나 또한 바닷가에 몸을 기대어
홀로 떠도는 신세인 것이로구나
(후략)

Part 07
094

草の 実 八木重吉
<くさ><み>
〈풀씨〉 야기 주키치

実！
<み>
ひとつぶの あさがおの 実
<み>
さびしいだろうな、実よ
<み>

あ おまえは わたしじゃなかったのかえ

열매여!
한 알의 나팔꽃 씨여
쓸쓸하겠구나, 씨앗아

아, 너는 내가 아니었단 말이냐

❖ 본래 일상적인 일본어에서는 띄어쓰기를 하지 않으나, 이 시에서 작가는 표현 방법 중 하나로 임의적인 띄어쓰기를 활용하였습니다. 그 밖에도 시에서는 줄을 바꾸거나 구두점을 찍거나 찍지 않기도 하는 등의 여러 방법을 활용합니다.

Part 07
095

いつとしもなく 山村暮鳥

〈언제랄 것도 없이〉 야마무라 보초

095.mp3

いつとしもなく

めっきりと

うれしいこともなくなり

かなしいこともなくなった

それにしても野菊よ
のぎく
真実に生きようとすることは
しんじつ　い
こうも寂しいものだろう
さび

언제랄 것도 없이
부쩍
기쁜 일도 없어지고
슬픈 일도 사라졌다
그건 그렇고 들국화여
참되게 살아간다는 것은
어찌하여 이리도 쓸쓸한 것이냐

Part 07
096

手ぶくろ 山村暮鳥
〈장갑〉 야마무라 보초

あたしの
手袋
桔梗色

雪のふる日は
おもいだす

なくした

一つの
手ぶくろよ

のこった

一つの
てぶくろよ

나의
장갑
도라지꽃색 장갑

눈 내리는 날이면
생각난다
잃어버린
한 짝의
장갑이여

남겨진
한 짝의
장갑이여

년　　　월　　　일　　　요일

❖ 「あたし(나)」는 오늘날 일반적으로 여성어로 알려져 있지만 일본의 전통 예능 「落語(らくご)」 등에서는 남성도 사용합니다. 이러한 측면에서 시인은 「あたし」를 중성적인 의미로 사용했을 가능성도 생각해 볼 수 있습니다.

Part 07

097

手の上の花 <small>与謝野晶子</small>
〈손 위의 꽃〉 요사노 아키코

097.mp3

鴨頭草の花、手に載せて
見れば涼しい空色の
花の瞳がさし覗く、
わたしの胸の寂しさを。

鴨頭草の花、空色の
花の瞳のうるむのは、
暗い心を見透して、
わたしのために嘆くのか。

(後略)

달개비꽃, 손에 올려
바라보니 시원한 하늘색
꽃의 눈동자가 들여다보네,
내 가슴속 외로움을.

달개비꽃, 하늘색
꽃의 눈동자가 글썽이는 것은,
어두운 마음을 꿰뚫어 보고
나를 위해 슬퍼하는 걸까.

(후략)

Part 07

098

誤植 生田春月
ごしょく

〈오자〉 이쿠타 슌게쓰

我が生涯はあわれなる夢、
わ　　しょうがい　　　　　　　ゆめ
我れは世界のページの上の一つの誤植なりき。
わ　　　せかい　　　　　　　　うえ　ひと　　　ごしょく
我れはいかに空しく世界の著者に
わ　　　　　　　むな　　せかい　ちょしゃ
その正誤※をば求めけん。
しょうご　　　　もと
されど誰か否といい得ん、
たれ いな　　　 え
この世界自らもまた
せかいみずか
あやまれる、無益なる書物なるを。
むえき　　しょもつ

나의 생은 한낱 덧없는 꿈.
나는 세계라는 책 한 페이지 위에 잘못 찍힌 글자 하나였다.
나는 얼마나 헛되이 세상의 저자에게
그 오자를 바로잡아 달라 했던가.
그러나 누가 감히 아니라고 말할 수 있을까,
이 세계 또한
잘못 쓰인, 쓸모없는 책임에도.

❖ 일본어 한자의 독음은 시대에 따라 변하기도 하는데, 여기서 그 흔적을 볼 수 있습니다. 현대의 「正誤(바로잡음)」의 독음은 「せいご」이지만, 이 시가 쓰였던 때에는 「しょうご」이었습니다.

Part 07
099

別れ 萩原朔太郎
わか
〈작별〉 하기와라 사쿠타로

友よ　安らかに眠れ。
とも　　やす　　　　ねむ
夜はほのじろく明けんとす
よる　　　　　　　あ
僕はここに去り
ぼく　　　　さ
また新しい汽車に乗って行こうよ
　　あたら　きしゃ　の　　い
僕の孤独なふるい故郷へ。
ぼく　こどく　　　　ふるさと
東雲ちかい汽車の寝台で
しののめ　　　きしゃ　しんだい
友よ　安らかに眠れ。
とも　　やす　　　　ねむ

친구여　편히 잠들게나.
밤은 어렴풋이 밝아 오고 있다네
나는 이곳을 뒤로하고
다시 새로운 기차를 타고 떠나려 한다네
나의 고독한 오래된 고향으로.
동틀 녘이 가까워진 기차의 침대에서
친구여　편히 잠들게나.

| 년 | 월 | 일 | 요일 |

❖ 이 시의 부제는 「-旅の記念として、室生犀星に-(여행의 기념으로, 무로 사이세이에게)」입니다. 여기서 무로 사이세이는 일본의 근대 시인이자 소설가로, 작가인 하기와라 사쿠타로와 친구 사이라고 합니다. 또한 본래 일상적인 일본어에서는 띄어쓰기를 하지 않지만 원문에서 시인은 표현 방법 중 하나로 의도적인 띄어쓰기를 사용하였습니다.

Part 07
100

クリスマス　萩原朔太郎

〈크리스마스〉 하기와라 사쿠타로

クリスマスとは何(なに)ぞや
我(わ)が隣(となり)の子(こ)の羨(うらや)ましきに
そが高(たか)き窓(まど)をのぞきたり。
飾(かざ)れる部屋(へや)部屋(べや)
我(わ)が知(し)らぬ西洋(せいよう)の怪(あや)しき玩具(がんぐ)と
銀紙(ぎんがみ)のかがやく星星(ほしぼし)。
我(わ)れにも欲(ほ)しく
我(わ)が家(や)にもクリスマスのあればよからん。
耶蘇教(やそきょう)の家(いえ)の羨(うらや)ましく
風琴(おるがん)の唱歌(しょうか)する声(こえ)をききつつ
冬(ふゆ)の夜(よる)幼(おさ)なき目(め)に涙(なみだ)ながしぬ。

크리스마스란 무엇인가
내 이웃집 아이가 부러워
그 높다란 창을 들여다보았다.
장식된 방마다
내가 잘 모르는 서양의 신기한 장난감들과
은박지로 반짝이는 별들이 가득하다.
나도 갖고 싶은데
우리 집에도 크리스마스가 있다면 얼마나 좋을까.
기독교 집이 부러워
오르간 소리에 맞춰 부르는 창가를 들으며
겨울밤 어린 눈에 눈물이 흘렀다.

> 부록

오늘의 시
단어장

001 〈젖먹이〉 기타무라 도코쿠

- ゆたかに 여유롭게, 유유히
- 極楽(ごくらく) 극락, 더없이 안락함
- いと 지극히, 몹시
- うきよ 속세
- たまのうてな 옥루
- 刺(とげ) 가시
- ひざ 무릎

002 〈여름〉 기타하라 하쿠슈

- 近景(きんけい) 가까이 보이는 경치
- 遠景(えんけい) 멀리 보이는 경치
- 新鮮(しんせん)に 신선하게, 싱싱하게
- 葦(あし) 갈대
- さらに 더욱더
- そよぐ 흔들거리다

003 〈가을에 숨어〉 시마자키 도손

- 白菊(しらぎく) 흰 국화
- ひともと 한 그루
- おのずから 저절로, 스스로
- ゆうぐれ 황혼, 해 질 녘

004 〈머리를 감으면〉 시마자키 도손

- 紫(むらさき) 보랏빛
- 風情(ふぜい) 정취, 운치
- 愁(うれ)い 근심, 시름
- 小草(おぐさ) 싹이 갓 돋아난 풀
- 彩雲(さいうん) 여러 빛깔로 물든 구름
- うたびと 시인
- 花鳥(はなとり) 꽃과 새
- 絵巻物(えまきもの) 그림 두루마리
- ひとふし 한 자락, 한 소절
- 随(したが)う 따르다
- 美酒(うまざけ) 맛있는 술

005 〈새벽〉 시마자키 도손

- たなびく (구름이) 가로로 길게 뻗치다
- 彩(いろど)る 색칠하다, 물들이다
- 出(い)でる 나오다
- 鳩(はと) 비둘기

007 〈작은 주머니〉 야기 주키치

- ねんねこ 자장자장
- 絹(きぬ) 비단
- 金糸(きんし) 금실
- おんぶ 어부바, 업음, 업힘
- ひも 끈
- ぬいとり 자수, 수놓음
- たらす 늘어뜨리다
- しなやか 부드러움, 보들보들함

008 〈널어놓은 벼〉 야마무라 보초

稲(いね)かけ 벼를 널어 말림 　　雀(すずめ) 참새

010 〈물가〉 야마무라 보초

渚(なぎさ) 물가, 둔치 　　千鳥(ちどり) 물떼새

011 〈만개한 벚꽃〉 와카야마 보쿠스이

花(はな)ざかり 꽃이 한창임

012 〈나의 벗〉 요사노 아키코

身(み)に余(あま)る 분에 넘치다 　　悠揚(ゆうよう) 태연자약한 모양 　　微笑(びしょう) 미소
富(と)む 부유하다 　　朗(ほが)らか 쾌활, 명랑한 모양 　　端的(たんてき) 단적, 분명함
和楽(わらく) 화목하게 즐김 　　ちらと 흘끗, 잠깐 　　叫(さけ)び 외침
一味(いちみ) 뜻을 같이하는 무리

013 〈자신의 길〉 요사노 아키코

己(おの) 자기, 자신 　　つれだつ 같이 가다 　　けわしい 험하다, 험난하다
常日頃(つねひごろ) 늘, 평소 　　ひとすじ 한 줄기, 한 가닥

014 〈활〉 요사노 아키코

佳(よ)き 좋은, 경사스러운 　　引(ひ)き絞(しぼ)る 잔뜩 당기다
矢(や)をつがえる 화살을 시위에 메기다 　　射(い)る (활을) 쏘다
肘(ひじ) 팔꿈치 　　的(まと) 과녁

015 〈버드나무〉 요사노 아키코

もと 그루, 줄기
翡翠(ひすい) 비취옥
廃墟(はいきょ) 폐허
殿(との) 큰 건물, 전각
柱廊(ちゅうろう) 줄 지어 선 기둥으로 이루어진 회랑

017 〈봄을 기다리는 동안에〉 기타하라 하쿠슈

蒔(ま)く (씨를) 뿌리다
燕麦(からすむぎ) 메귀리
世継(よつぎ) 대를 이음
葡萄(ぶどう) 포도
満(み)つ 가득 채우다
饗宴(きょうえん) 연회, 잔치
耕(たがや)す (논밭을) 갈다, 일구다

018 〈무제〉 도이 반스이

露(つゆ) 이슬
薔薇(そうび) 장미
野中(のなか) 들판
満(み)ちる 가득 차다
海原(うなばら) 넓은 바다

019 〈기다리는 마음〉 스스키다 규킨

月映(つきば)え 달빛으로 빛남
そのかみ 그 당시, 옛날
甦(よみがえ)り 되살아남
面(おも)はゆい 부끄럽다
ほのか 희미함, 어렴풋함
すみれ 제비꽃
すずろ心(ごころ) 들뜬 마음

020 〈병아리〉 스스키다 규킨

ぬくめる 따뜻하게 하다
鳶(とび) 솔개
ふところ 품
まだら 얼룩
梟(ふくろう) 올빼미
潜(もぐ)りこむ 숨어들다, 기어들다
ふっくり 뭉실뭉실, 폭신폭신
蝙蝠(こうもり) 박쥐

021 〈샛별〉 시마자키 도손

棚引く (たなびく) (구름 등이) 가로로 길게 뻗치다
しののめ 새벽
朝ぼらけ (あさぼらけ) 여명, 새벽
小夜 (さよ) 밤
しらべ 선율, 가락
緒 (お) 가는 끈
琴 (こと) 거문고
うら若い (うらわかい) 앳되게 젊다
いと 지극히, 몹시

022 〈여우의 재주〉 시마자키 도손

しのぶ 남의 눈을 피하다
つゆ 얼마 안 되는 것
ふさ 송이

023 〈우연히 다시 마주친 그대 몇 번이나〉 시마자키 도손

あじきない 보람이 없다
谷間 (たにま) 골짜기
わずらい 고통, 병
いと 몹시, 지극히
宿す (やどす) 품다, 간직하다
もろともに 함께
しばし 잠깐, 잠시
たたずむ 잠시 멈춰 서다

024 〈첫사랑〉 시마자키 도손

花櫛 (はなぐし) 조화로 꾸민 머리빗(일본 전통 여성 머리를 할 때 장식으로 꽂는 머리빗)
薄紅 (うすくれない) 옅은 홍색, 분홍

025 〈무지개〉 야기 주키치

やすやすと 거뜬히, 손쉽게, 간단히, 편안히   **~うる** ~할 수 있다

027 〈봄바람〉 요사노 아키코

椿 (つばき) 동백나무
木隠る (こがくる) 나무 그늘에 숨다
忍ぶ (しのぶ) 숨다, 남의 눈을 피하다
身じろぎ (みじろぎ) 몸을 약간 움직임
究める (きわめる) 밝히다, 알아내다
じっと 가만히, 꼼짝 않고
黙す (もだす) 그대로 두다, 침묵하다
笑まい (えまい) 웃음, 꽃이 핌

028 〈새싹〉 하기와라 사쿠타로

いたましい 애처롭다
伸びゆく 자라나다, 뻗어 나다
土壌 토양, 땅
いとけない 어리다, 순진하다
芽生え 발아
かしましい 시끄럽다, 떠들썩하다

029 〈소춘〉 하기와라 사쿠타로

土壌 토양, 땅
涙ぐましい 눈물겹다
日だまり 양지바른 곳
羽虫 날벌레
ちらちら 팔랑팔랑, 아물아물
春日 봄날, 봄 햇살

030 〈새잎 그늘〉 간바라 아리아케

薄曇り 약간 흐림
木犀 (은)목서
靠れる 기대다
なべて 모두, 통틀어
おぼめく 분명치 않다
常世 영원함
潮路 조수가 드나드는 길, 뱃길
うつらうつら 꾸벅꾸벅

031 〈우연히 떠오른 감상〉 간바라 아리아케

平らか 평온하고 무사함
和む 누그러지다, 평온해지다
潮 조수, 밀물, 썰물
満ち干 간만, 밀물과 썰물
げに 실로, 참으로
如く ~와/과 같이
騒だつ 떠들썩해지다, 동요하다

032 〈양지바른 곳〉 기타하라 하쿠슈

ほの 희미하게, 약간
保つ 유지하다, 지키다
日向 양지, 양달
こよなく 더없이, 각별히
なごむ 온화해지다
倦む 싫증 나다, 지치다
童 어린이

033 〈연꽃 열매〉 기타하라 하쿠슈

濡(ぬ)れる 젖다　　　　　　　はや 이미, 벌써　　　　　　しべ 꽃술
かわせみ 물총새　　　　　　そよぐ 흔들거리다　　　　折(お)れ曲(ま)がる 구부러지다
ねらい澄(す)ます 단단히 노리다

035 〈여름의 강〉 도이 반스이

いさざ川(がわ) 작은 시내　　　　　　さえる 선명하다, 산뜻하다
浮雲(うきぐも) 뜬구름, 하늘에 떠다니는 구름　　いかに 어찌, 어떻게
涼(すず)かぜ 산들바람　　　　　　　さざなみ 잔물결

036 〈안녕, 좋은 아침〉 스스키다 규킨

水桶(みずおけ) 양동이　　　　　　　　通(とお)りすがり 지나는 길
さげる (어깨나 허리 등에) 달다, 차다　　榛(はん)の木(き) 오리나무
井戸(いど) 우물　　　　　　　　　会釈(えしゃく) (끄덕이며) 가볍게 인사함
草籠(くさかご) 꼴망태, 풀 바구니

037 〈그대는 아는가〉 시마자키 도손

ひとふし 한 곡, 한 구절　　　　　あやめ 모양, 형태, 분별
澄(す)む 맑다, 맑아지다　　　　　　星(ほし)くず 무수한 별, 흩뿌려진 별의 조각
朝潮(あさしお) 아침의 간조, 만조　　　ひそめる (마음속에) 숨기다, 간직하다
真珠(しらたま) 진주　　　　　　　　琴(こと) 거문고

038 〈드넓은 하늘의 물〉 야기 주키치

かじ (배의) 키　　　　　　　　さやけさ 맑고 깨끗함

039 〈봄〉 야기 주키치

たたずむ 잠시 멈춰 서다, 서성거리다
おくれ毛(げ) (여자의) 귀밑머리, 잔머리
みだれさく 여러 꽃이 뒤엉켜 피다

042 〈매화나무〉 야마무라 보초

ほのか 희미함, 어렴풋함
白梅(しらうめ) 흰 매화
宵闇(よいやみ) 초저녁의 어스름, 땅거미

043 〈곶〉 요사노 아키코

岬(みさき) 곶, 갑
黄(き)ばむ 노래지다
瑠璃(るり) 유리
はて 끝
切岸(きりぎし) 벼랑, 절벽
沖(おき) 먼바다
笹(ささ) 조릿대, 작은 대나무류
汀(みぎわ) 물가
暫(しば)し 잠시, 잠깐
しげる 무성하다

044 〈복숭아꽃〉 요사노 아키코

すくすく 쑥쑥, 무럭무럭
怠(おこた)る 게을리하다, 소홀히 하다
きさく 담백하고 상냥함, 싹싹함

045 〈반딧불이〉 기타무라 도코쿠

おさまる 진정되다, 가라앉다
羽虫(はむし) 날벌레
腐草(ふそう) 썩은 풀
暮(く)れかかる 저물어 가다
逐(お)う 쫓다, 좇다
生(せい)をうくる 생명을 받다
草陰(くさかげ) 우거진 풀숲의 그늘
若鮎(わかあゆ) 팔팔한 새끼 은어
照(て)らす 빛을 비추다
わずかに 간신히, 겨우
水辺(みずべ) 물가
たちまち 금세, 순식간에
なお 여전히, 더욱

046 〈겨울 새벽〉 나카하라 주야

瓦 기와
枯れ木 마른 나무

鹿 사슴
烏 까마귀

農家 농가
衰弱 쇠약

047 〈마른 버드나무〉 도이 반스이

佇む 우두커니 서다
しばし 잠시

忍ぶ 참다, 견디다
程もなく 곧, 금세

ころも 옷
咽ぶ 목이 메다

048 〈별과 꽃〉 스스키다 규킨

撒く 뿌리다, 흩뿌리다
野路 들길

天の使い 하늘의 사자
取り去る 없애다, 제거하다

049 〈그대의 마음은〉 시마자키 도손

蟋蟀 귀뚜라미

ごとく ~와/과 같이, ~처럼
朝影 아침 햇살

清い 맑다

かきならす (거문고 등을) 타다

玉琴 아름다운 거문고

さわり 악기 줄의 진동을 변화시켜 나는 다른 음

しらべ 선율, 가락

など 왜, 어째서

かく 이와 같이, 이렇게

恨み 원망

050 〈마음을 잇는 은빛 사슬〉 시마자키 도손

鎖 사슬

うるおう 축축해지다

おしむ 아쉬워하다

人目の関 남의 이목에 마음대로 하지 못함

へだつ 가로막다, 갈라놓다

添う 찰싹 붙다

裂く 찢다

051 〈흰 벽〉 시마자키 도손

高殿(たかどの) 높고 큰 전각
みだれる 흐트러지다
唾(つば) 침
しるす 적다, 기록하다
ひとしれず 남몰래, 속으로
うれい 근심, 슬픔

053 〈마음속에 쌓여 가는 슬픔〉 야기 주키치

しみじみ 마음속 깊이, 사무치게
なみなみ 찰랑찰랑, 넘치도록
ひそかに 몰래, 은밀하게
透(す)**きとおる** 맑다, 투명하다
痴人(ちじん) 바보
ごとく ~와/과 같이, ~처럼
いずく 어디

054 〈봄도 늦어지고〉 야기 주키치

わく 솟다
まともに 착실히, 똑바로

055 〈어느 밤〉 요사노 아키코

ごとに ~마다
燭(しょく) 촉(빛의 세기를 세는 옛 단위)
生(い)**ける** 꽂다, 꽃꽂이하다
ひなげし 개양귀비
慰(なぐさ)**むる** 위로하다
懲(こ)**らしむ** 혼내 주다
讃(ほ)**むる** 칭찬하다, 찬양하다
つと 갑자기, 불쑥

056 〈눈보라〉 하기와라 사쿠타로

くち惜(お)**しい** 분하다
ふるまい 행동, 거동
冒(おか)**す** 무릅쓰다
一目散(いちもくさん)**に** 쏜살같이
ひたばしる 쉬지 않고 달리다
けんめいに 힘껏
きちがい 미치광이

057 〈벚꽃〉 하기와라 사쿠타로

あまた 무수히, 수없이, 수많이
つどう 모이다
花(はな)**びら** 꽃잎
あながちに 무리하게, 억지로, 적극적으로

058 〈풀꽃〉 하기와라 사쿠타로

にじむ 번지다, 스미다
やるせない 기분을 풀 길이 없다, 쓸쓸하다
愁(うれ)い 근심, 슬픔
節(ふし) 음악의 선율, 가락
こもる 깃들다, 담기다

059 〈달밤의 바람〉 기타하라 하쿠슈

ほのかに 은은히, 어렴풋이
幾夜(いくよ) 며칠 밤

060 〈틈〉 기타하라 하쿠슈

おりおり 가끔, 때때로
わびしい 쓸쓸하다, 적적하다
日向(ひなた)ぼこ 햇볕 쬐기
穂(ほ) 이삭
はかない 덧없다, 무상하다

061 〈후박나무와 달〉 기타하라 하쿠슈

弦月(げんげつ) 반달
黄(き)に 노랗게
幾夜(いくよ) 며칠 밤
ほととぎす 두견새
薄墨(うすずみ) 묽은 먹빛

062 〈늦가을 비〉 스스키다 규킨

はつかねずみ 생쥐
巣(す) 둥지, 보금자리
こもる 틀어박히다
鮎(あゆ) 은어
瀬(せ) 여울
丸葉柳(まるばやなぎ) 왕버들

063 〈여름〉 스스키다 규킨

やれさて 이것 참
野(の)べ 들, 벌판
山(やま)べ 산 근처, 산이 있는 곳
小道(こみち) 좁은 길, 오솔길
往(い)ぬ 가다, 떠나다
なごり惜(お)しい (이별이) 아쉽다

064 〈달밤〉 시마자키 도손

- などか 왜, 어찌하여
- 絶え間なく 끊임없이
- さやけし 맑고 또렷하다
- 忍び入る 몰래 들어가다
- なさけ 애정, 흥취
- 説く 말하다, 설명하다
- うきよ 덧없는 세상
- 朽ちる 썩어 없어지다
- いずれ 어느 쪽

065 〈봄은 어디에〉 시마자키 도손

- ほこる 자랑하다, 뽐내다
- あさみどり 연두색
- しげる 초목이 무성하다
- 梅 매화나무
- 酔う 취하다

066 〈가을〉 야기 주키치

- いろづく 물들다
- くずれる 무너지다

067 〈사과〉 야마무라 보초

- かかえる 껴안다
- ～きれない 다 ~(하지) 못하다
- 日あたり 볕이 듦, 양지
- ころがる 굴러가다, 떨어지다

069 〈아침〉 야마무라 보초

- 麗らか 화창하고 명랑한 모양
- 娘 딸, 젊은 여성
- 塊 집단, 무리
- みちばた 길가, 길
- たちばなし 서서 이야기함
- 馬鹿に 몹시, 매우

070 〈늦가을의 풀〉 요사노 아키코

- 更ける (계절 등이) 깊어지다
- 哀れ 처량함
- 蓼 여뀌
- 茎 줄기, 대
- まじる 섞이다
- さては 끝내는, 그리고 또
- 雑草 잡초
- 斑 얼룩, 반점

071 〈추사〉 요사노 아키코

澄む 맑다, 맑아지다　　　狗子草 강아지풀　　　溜める 글썽이다, 모으다
玲瓏 영롱, 맑고 빛나는 모양　　しとど 흠뻑 젖은 모양　　やがて 곧, 그대로
木立 나무숲

072 〈단풍〉 하기와라 사쿠타로

木ぬれ 나무 끝　　　遠見 먼 곳의 경치　　　うすべに 엷은 홍색, 분홍

073 〈푸른 눈〉 하기와라 사쿠타로

さくらぎ 벚나무　　　　　　山路 산길
こなゆき 가루눈　　　　　　泣きくらす 종일 울며 지내다

074 〈초겨울의 이별〉 기타하라 하쿠슈

噴水 분수　　　　　　なべて 모두　　　　　さもしい 비열하다
ゆらぐ 흔들리다　　　すがれる 마르기 시작하다　色情狂 심히 호색하는 사람
楕円 타원　　　　　　老ける 늙다　　　　　　かんざし 비녀
菱 마름모

075 〈풍향계〉 기타하라 하쿠슈

ほのぼの 어렴풋한 모양　　　　夜もすがら 밤새
軋む 삐걱거리다　　　　　　　あかつき 새벽, 그때
まんじりともしない 뜬눈으로 지새다

076 〈가랑비〉 스스키다 규킨

菩提樹 보리수　　　結う 매다, 엮다　　　昼寝 낮잠
つばくろ 제비　　　鉢 화분

077 〈대추나무〉 스스키다 큐킨

ゆすぶる 흔들어 움직이게 하다
黄金(こがね) 황금
いつぞや 언젠가, 언제였던가
木蔭(こかげ) 나무 그늘

078 〈딸기〉 스스키다 큐킨

麦(むぎ) 보리
穂(ほ) 이삭
熟(う)れる (과일이) 익다
摘(つ)む 뜯다, 따다
葉末(はずえ) 잎의 끝
なんぼ 얼마나
西日(にしび) 석양, 저녁 해
娘(むすめ) 딸, 젊은 여성

079 〈멧새〉 스스키다 큐킨

山育(やまそだ)ち 산골에서 자람
捕(と)る 잡다, 포획하다
恋(こい)しい 그립다

080 〈나의 사랑은 강가에 자라난〉 시마자키 도손

河辺(かわべ) 강가
浸(ひた)す 담그다, 흠뻑 적시다
柳(やなぎ) 버드나무
緑(みどり)なす 푸릇하고 무성하다
去(さ)る 떠나다
しく 깔다

081 〈낙엽송 나무〉 시마자키 도손

石南花(しゃくなげ) 만병초
慰(なぐさ)む 시름을 달래다
旅寝(たびね) 객지에서 잠
病(や)む 앓다, 병들다
沈(しず)む 가라앉다

082 〈낮의 꿈〉 시마자키 도손

みめ 외모
うるわしい 아름답다
おとめご 소녀
ならい 습관, 세간의 규칙
なまなか 억지로, 차라리
うらわかい 애젊다
名残(なごり) 자취, 흔적

083 〈황혼〉 시마자키 도손

つと 불쑥, 우뚝
垣根(かきね) 울타리, 담 밑
露草(つゆくさ) 닭의장풀, 달개비

さまよう 헤매다, 떠돌다
門辺(かどべ) 문 옆, 문가
瓦(かわら) 기와

烏(からす) 까마귀
蛍(ほたる) 반딧불이

084 〈기억에 대하여〉 야마무라 보초

ぽんぽん 둥둥, 탕탕
さて 그리고, 그런 상태에서
ゆみ 활, 현악기의 활

調子(ちょうし) 곡조, 장단, 음조
くるう 어긋나다, 잘못되다

ちょいと 잠깐, 살짝
まねる 흉내 내다

086 〈지난날〉 요사노 아키코

天(あま)つ日(ひ) 하늘의 태양
見(み)とれる 넋을 잃고 보다

経(へ)る (때가) 지나다
して 그리고, 그래서

漸(よう)く 겨우, 차차, 그제야

087 〈먼바다를 바라본다〉 하기와라 사쿠타로

沖(おき) 먼바다
眺望(ちょうぼう)する 먼 곳을 바라보다

生(は)える 나다, 자라다
出(い)でる 나오다

寝(ね)ころぶ 드러눕다, 뒹굴다

088 〈슬픔의 깊은 곳〉 기타하라 하쿠슈

あまた 무수히
釣鐘(つりがね)の花(はな) 초롱꽃

神経(しんけい) 신경
わけ入(い)る 헤치고 들어가다

ふりそそぐ 내리 쏟아지다
盲(めし)いる 눈멀다

089 〈요 며칠 밤〉 기타하라 하쿠슈

靄(もや) 안개
ほのぼの 어슴푸레

とぼそ 문, 문둔테 구멍
艶(つや) 광택, 윤기

あわあわしい 옅다

090 〈차가운 밤〉 나카하라 주야

錆びる 녹슬다　　　　　　　はじける 터지다, 벌어지다　　　燻る 연기만 내다
放心 방심, 멍함　　　　　　薪 장작　　　　　　　　　　自ら 자기, 자신
棉 목화

091 〈제비〉 스스키다 규킨

田の面 논바닥　　　　　　名残 흔적, 추억, 이별, 미련　　いっそ 차라리
稲 벼　　　　　　　　　　往ぬ 가다, 떠나다　　　　　　古巣 옛 보금자리
刈る 베다　　　　　　　　麓 산기슭

092 〈별똥별〉 시마자키 도손

さみしさ 쓸쓸함　　　　　　宿り 머무는 곳
ながむ (생각에 잠겨) 바라보다　　こいしい 그립다

093 〈야자열매〉 시마자키 도손

岸 물가, 벼랑　　　　　　　幾月 몇 개월, 몇 달　　　　　渚 물가
汝 너, 그대　　　　　　　　茂る 무성하다　　　　　　　浮き寝の旅 떠도는 여행
そも 도대체, 대관절　　　　なお 여전히, 역시

094 〈풀씨〉 야기 주키치

ひとつぶ 한 알　　　　　　あさがお 나팔꽃

095 〈언제랄 것도 없이〉 야마무라 보초

めっきり 뚜렷이, 부쩍　　　野菊 들국화　　　　　　　　真実に 진실로, 진짜로

096 〈장갑〉 야마무라 보초

桔梗色(ききょういろ) 도라지꽃색

097 〈손 위의 꽃〉 요사노 아키코

鴨頭草(つきくさ) 닭의장풀, 달개비
さし覗(のぞ)く 들여다보다, 엿보다
うるむ 눈물을 머금다, 글썽이다
見透(みとお)す 꿰뚫어 보다
嘆(なげ)く 슬퍼하다

098 〈오자〉 이쿠타 슌게쓰

生涯(しょうがい) 생애, 일생
いかに 얼마나
空(むな)しい 공허하다, 헛되다
著者(ちょしゃ) 저자, 작자
されど 그러나, 하지만
自(みずか)ら 자기, 자신
あやまる 틀리다, 잘못되다
無益(むえき) 무익함
書物(しょもつ) 책, 도서

099 〈작별〉 하기와라 사쿠타로

安(やす)らかに 편히, 안녕히
ほのじろく 어렴풋이
去(さ)る 떠나다, 뒤로하다
孤独(こどく) 고독
東雲(しののめ) 새벽, 동틀 녘
寝台(しんだい) 침대

100 〈크리스마스〉 하기와라 사쿠타로

羨(うらや)ましい 부럽다, 샘이 나다
のぞく 들여다보다
銀紙(ぎんがみ) 은종이
耶蘇教(やそきょう) 기독교
唱歌(しょうか) 창가
幼(おさ)ない 어리다

MEMO

MEMO

자료 출처

아오조라 문고 https://www.aozora.gr.jp/

간바라 아리아케	『有明集』, 易風社, 1908/広橋はやみ(입력)/荒木恵一(교정)
기타무라 도코쿠	『透谷全集 第一巻』, 岩波書店, 1950/鈴木厚司(입력)/土屋隆(교정)
기타하라 하쿠슈	『雪と花火』, 東雲堂書店, 1916/岡村和彦(입력)/フクポー(교정)
	『海豹と雲』, アルス, 1929/岡村和彦(입력)/大沢たかお(교정)
	『白秋全集 第三巻』, アルス, 1930/岡村和彦(입력)/フクポー(교정)
나카하라 주야	『在りし日の歌』, 創元社, 1938/浜野安紀子(입력)/浜野 智(교정)
	『中原中也詩集』, 角川文庫, 1968/ゆうき(입력)/きりんの手紙(교정)
도이 반스이	『天地有情』, 博文館, 1899/門田裕志(입력)/林 幸雄(교정)
스스키다 규킨	『泣菫詩抄』, 岩波文庫, 1928/門田裕志(입력)/Y.S.(교정)
시마자키 도손	『若菜集』, 1897/佐女高2-1(입력)/小林繁雄, 門田裕志(교정)
	『藤村詩抄』, 岩波文庫, 1927/土屋隆(입력)/浅原庸子(교정)
야기 주키치	『秋の瞳』, 新潮社, 1925/j.utiyama(입력)/富田倫生(교정)
야마무라 보초	『風は草木にささやいた』, 1918/土屋隆(입력)/田中敬三(교정)
	『おとぎの世界』, 文光堂, 1921/菅野朋子(입력)/noriko saito(교정)
	『雲』, 1925/土屋隆(입력)/田中敬三(교정)
	『よしきり』, イデア書院, 1925/菅野朋子(입력)/noriko saito(교정)
	『春の海のうた』, 教文館, 1941/菅野朋子(입력)/noriko saito(교정)
와카야마 보쿠스이	『小さな鶯』, 弘文館, 1924, 小川幸子(입력)/土屋隆(교정)
요사노 아키코	『晶子詩篇全集』, 実業之日本社, 1929/武田秀男(입력)/kazuishi(교정)
이쿠타 슌게쓰	『靈魂の秋』, 新潮社, 1917/hitsuji(입력)/The Creative CAT(교정)
하기와라 사쿠타로	『青猫』, 新潮社, 1923/kompass(입력)/門田裕志, 小林繁雄(교정)
	『純情小曲集』, 新潮社, 1925/kompass(입력)/門田裕志, 小林繁雄(교정)
	『萩原朔太郎全集 第三巻』, 筑摩書房, 1977/武田秀男(입력)/kazuishi(교정)

공유마당 https://gongu.copyright.or.kr

별이 사는 세상, 기증 차용운, 공유마당, CC BY
Road To You, 기증 김정식, 공유마당, CC BY
Bed, 기증 유민규, 공유마당, CC BY
My Season, 기증 김지수, 공유마당, CC BY
Climax, 기증 김정식/김민기/김한영/정하일, 공유마당, CC BY
새싹, 기증 원가빈, 공유마당, CC BY
곰인형, 기증 원가빈, 공유마당, CC BY
햇빛은 쨍쨍, 기증 박형진, 공유마당, CC BY
Did you know, 기증 김재성, 공유마당, CC BY
HOW ARE YOU, 기증 김재영, 공유마당, CC BY
한마당, 기증 김정식/김민기/계한용/이용석, 공유마당, CC BY
Eternal Sunshine, 기증 김정식/김민기/김한영/권민호, 공유마당, CC BY
꿈 속으로, 기증 원가빈, 공유마당, CC BY
Morning Kiss, 기증 김현정, 공유마당, CC BY
숲, 기증 정채린, 공유마당, CC BY
My Kitty, 기증 김민정, 공유마당, CC BY
고향의 봄, 기증 조은님, 공유마당, CC BY
러브 테마(Love Theme), 김정식, 공유마당, CC BY
I Am, 기증 김성원, 공유마당, CC BY
Forest, 기증 김재성, 공유마당, CC BY
Classic, 기증 신은경, 공유마당, CC BY
All About, 기증 김성원, 공유마당, CC BY
Somethin in Us, 기증 김재성, 공유마당, CC BY
CURIOS DAY, 기증 김재영, 공유마당, CC BY
LSMBG0102_산뜻한 가을하늘, 한국저작권위원회, 공유마당, CC BY
Autumn, 기증 김민정, 공유마당, CC BY
Fantasie - Impromptu op.66, F. Chopin, 공유마당, CC BY
저녁의 발라드, 기증 박주언, 공유마당, CC BY
LSMBG0506_한 여름밤의 꿈, 한국저작권위원회, 공유마당, CC BY
LSMBG0505_피톤치드 숲, 한국저작권위원회, 공유마당, CC BY
Stay Here, 오정석, 공유마당, CC BY
Looking Back, 기증 김민정, 공유마당, CC BY
LSMBG0202_그대와 왈츠, 한국저작권위원회, CC BY
바다는 고요하다, 한국저작권위원회, 공유마당, CC BY
Fantasy Piano, 기증 김태현, 공유마당, CC BY
Like a dream, 기증 김현정, 공유마당, CC BY
LSMBG0504_포근한 벽난로, 한국저작권위원회, 공유마당, CC BY

Be your love, 한국저작권위원회, 공유마당, CC BY
흑백의 꽃, 기증 김태현, 공유마당, CC BY
경주잠자리/철뱅이꽁꽁, 기증 정순주, 공유마당, CC BY
Gloomy, 기증 윤제휘, 공유마당, CC BY
Last Travel, 기증 문양진, 공유마당, CC BY
Adagio In G minor ver.7, P. Tchaikovsky, 공유마당, CC BY
그날 그때, 기증 김지수, 공유마당, CC BY
LSMBG0304_반복되는 이별, 한국저작권위원회, 공유마당, CC BY
Sad Time, 기증 김재성, 공유마당, CC BY
River, 기증 김승남, 공유마당, CC BY
Sad Memory, 기증 박세임, 공유마당 CC BY
Experience, 기증 김성원, 공유마당, CC BY
Butterfly, 기증 김정식/김민기/김한영/김진희, 공유마당, CC BY
BGM_03_04_슬픈느낌 피아노 브금, 주식회사 아이티앤, 공유마당, CC BY
FALLING SLOWLY, 기증 김재영, 공유마당, CC BY
Wind drop, 기증 김재성, 공유마당, CC BY
Just Two, 오정석, 공유마당, CC BY
O Word Of God Incarnate ver.1, F. Mendelssohn, 공유마당, CC BY
봄사건 (Piano Ver.), 기증 김신영, 공유마당, CC BY
You R Flower, 김재영, 공유마당, CC BY
Gloomy Winter, 오정석, 공유마당, CC BY
I HAVE NOTHING, 기증 김재영, 공유마당, CC BY
Dandalion, 하유리, 공유마당, CC BY
새드니스(Sadness), 김정식, 공유마당, CC BY
눈물을 닦아주오, 채희빈, 공유마당, CC BY
BGM_03_05_가을기타연주 브금, 주식회사 아이티앤, 공유마당, CC BY
BGM_02_05_여유가 느껴지는 연주 브금, 주식회사 아이티앤, 공유마당, CC BY
Her Wail Of Pain, 최용휘, 공유마당, CC BY
봄여름가을겨울, 김욱, 공유마당, CC BY
Will you be there, 한국저작권위원회, 공유마당, CC BY
One for me, 한국저작권위원회, 공유마당, CC BY
연모지정, 진유석, 공유마당, CC BY
BGM_02_06_구름산책 연주 브금, 주식회사 아이티앤, 공유마당, CC BY
His Name, 김재영, 공유마당, CC BY
BGM_03_01_감성 드라마 OST 인연느낌 브금, 주식회사 아이티앤, 공유마당, CC BY
Many Days, 김재영, 공유마당, CC BY
Memory, 김욱, 공유마당, CC BY

네이비톤 – 손톱달, 김연진/최동윤, 공유마당, CC BY
조성욱 – 비가(悲歌), 조성욱, 공유마당, CC BY
LSMBG1103_별나라의 소녀, 한국저작권위원회, 공유마당, CC BY
Cloud, 기증 유민규, 공유마당, CC BY
Tears, 기증 김정식/김민기/계한용/구재영, 공유마당, CC BY